»Ich liebe zu tafeln
am lustigen Ort«

Essen und Trinken mit

Goethe

»Ich liebe zu tafeln
am lustigen Ort«

Essen und Trinken mit
Goethe

Mit neun Goethe-Créationen
von Marcello Fabbri
Meisterkoch im ›Elephant‹ in Weimar

Herausgegeben von
Joachim Schultz

Mit 75 farbigen Abbildungen

CARL HABEL
VERLAG

Essen und Trinken mit Goethe

Sonderausgabe 1999 für die Carl Habel GmbH
Deutscher Taschenbuch Verlag GmbH & Co. KG, München

Rezepte: Marcello Fabbri, Weimar
Food-Fotos: Thilo Härdtlein, München
Umschlaggestaltung: Marlies Müller
Unter Verwendung der Gemälde »Goethe in der römischen Campagna« (1786-1788) von J.H.W. Tischbein (1751-1821), »Stilleben mit Früchtekorb« von Frans Snyders (1579-1657), »Stilleben mit Fisch« (1637) von Georg Flegel (1563-1638), »Stilleben mit Kupferkessel und Rippenstück« (1770er Jahre) von Luiz Eugenio Melendez (1716-1780), »Stilleben mit Krebs und Austern« (1733) von Kaspar Johann Herschely (1696-1743),
© Archiv für Kunst und Geschichte, Berlin
Reproduktionen: Menrath Reproduktion, Weilheim i. Obb.
Druck und Bindung: Appl, Wemding

Gedruckt auf säurefreiem, chlorfrei gebleichtem Papier
Printed in Germany
ISBN 3-87179-377-9

Inhalt

Entrée

Statt eines Vorworts

Marcello Fabbri, den jungen meisterlichen Koch aus Italien, hat es nach Weimar gezogen, wobei die Liebe - soviel sei verraten - keine geringe Rolle gespielt hat. Die Wahlverwandtschaft mit dem großen Genius dieses Ortes ist unübersehbar, der einst gen Süden zog, um bei seiner Rückkehr die große Liebe seines Lebens doch wieder in Weimar zu finden. Daß beide auch die Leidenschaft für exquisites Essen und Trinken verbindet, überrascht keineswegs, denn ›die Liebe geht durch den Magen‹. Niemand wußte das besser als Goethe und unermüdlich setzte er dieses Sprichwort in die Tat um: sich selbst und anderen gegenüber.

So ist es nicht verwunderlich, daß Marcello Fabbri Einheimische und Gäste mit seinen Kochkünsten im berühmten ›Elephant‹ verwöhnt, wo Goethe gern seinen Madeira genoß. Dennoch grenzt es ans Wunderbare, daß dies nach der wechselvollen Geschichte des Hauses noch möglich ist:

Das 1696 gegründete Hotel ›Zum Elephanten‹ lag ja um die Ecke - von Goethes Wohnhaus am Frauenplan aus. Kurz bevor er im Oktober 1775 nach Weimar kam, war es versteigert worden, doch der neue Wirt brachte das Haus wieder zum Blühen. Viele von Goethes Gästen logierten hier: Lenz, Zelter, Grillparzer, Felix Mendelssohn Bartholdy ... Auch Goethes alte Freundin Charlotte Kestner, geb. Buff, seine Lotte aus dem ›Werther‹, nahm hier im September 1816 ein Zimmer.
Von dem alten Haus ist nur der Gewölbekeller erhalten; die Weimarer NS-Oberen hatten alles abreißen lassen mit dem Ziel, aus dem ›Elephanten‹, benannt nach dem mittelalterlichen Namen des Grundstücks, das modernste Hotel Europas zu machen ...

Daß es dort noch immer zur gepflegten Einkehr einlädt, ist kurioserweise indirekt Goethes Freund Schiller und unmittelbar einem anderen großen deutschen Schriftsteller zu verdanken. Denn in den ersten Nachkriegsjahren war das Hotel in eine Lehrerfortbildungsanstalt umgewandelt worden, und nur weil Thomas Mann, der zum 150. Todestag Schillers nach Weimar eingeladen worden war, unbedingt im ›Elephanten‹ wohnen wollte, wurde das altehrwürdige Haus im Mai 1955 wiedereröffnet. Nach seinem neuerlichen Umbau im Jahre 1993 erstrahlt das Haus in neuem Glanz und gehört wie einst zu den ersten Adressen am Ort.

Dort kann nun Marcello Fabbri im noblen Restaurant ›Anna Amalia‹, benannt nach der Großherzogin, wie die gleichnamige berühmte Bibliothek in Weimar, seine wahlverwandte Kunst entfalten: die Feinheiten der großen Küche mit den Besonderheiten der Cucina aus seiner Heimat kombinieren. Und damit ist er Goethe, der in seiner ›Italienischen Reise‹ so ausführlich und begeistert über die Eß- und Trinkgewohnheiten des Südens geschrieben hat, ganz nahe. Von ihm inspiriert präsentiert Marcello Fabbri hier neun Rezepte, die man mit etwas Geschick auch in der eigenen Küche realisieren kann. Laden Sie sich Gäste ein mit den Worten Goethes: »Kommt her, wir setzen uns zu Tisch!«

»Wenn ein verständiger Koch ein artig Gastmahl bereitet,
Mischt er unter die Kost vieles und vieles zugleich.
So genießet auch ihr dies Büchlein, und kaum unterscheidet
Alles ihr was ihr genießt. Nun es bekomm' euch nur wohl.«
WA I. 1, 466

München, im August 1998
Joachim Schultz

Offne Tafel

Viele Gäste wünsch' ich heut
Mir zu meinem Tische!
Speisen sind genug bereit
Vögel, Wild und Fische.
Eingeladen sind sie ja,
Haben's angenommen.
    Hänschen, geh und sieh dich um!
    Sieh mir ob sie kommen!

Schöne Kinder hoff' ich nun,
Die von gar nichts wissen,
Nicht, daß es was Hübsches sei,
Einen Freund zu küssen.
Eingeladen sind sie all',
Haben's angenommen.
    Hänschen, geh und sieh dich um!
    Sieh mir ob sie kommen!

Frauen denk' ich auch zu sehn,
Die den Ehegatten,
Ward er immer brummiger,
Immer lieber hatten.
Eingeladen wurden sie,
Haben's angenommen.
    Hänschen, geh und sieh dich um!
    Sieh mir ob sie kommen!

Junge Herrn berief ich auch
Nicht im mindsten eitel,
Die sogar bescheiden sind
Mit gefülltem Beutel;
Diese bat ich sonderlich,
Haben's angenommen.
    Hänschen, geh und sieh dich um!
    Sieh mir ob sie kommen!

Männer lud ich mit Respect,
Die auf ihre Frauen
Ganz allein, nicht neben aus
Auf die schönste schauen.
Sie erwiderten den Gruß,
Haben's angenommen.
    Hänschen, geh und sieh dich um!
    Sieh mir ob sie kommen!

Dichter lud ich auch herbei,
Unsre Lust zu mehren,
Die weit lieber ein fremdes Lied
Als ihr eignes hören.
Alle diese stimmten ein,
Haben's angenommen.
    Hänschen, geh und sieh dich um!
    Sieh mir ob sie kommen!

Doch ich sehe niemand gehn,
Sehe niemand rennen!
Suppe kocht und siedet ein,
Braten will verbrennen.
Ach, wir haben's, fürcht' ich nun,
Zu genau genommen!
    Hänschen, sag' was meinst du wohl?
    Es wird niemand kommen.

Hänschen, lauf' und säume nicht,
Ruf' mir neue Gäste!
Jeder komme wie er ist,
Das ist wohl das Beste!
Schon ist's in der Stadt bekannt,
Wohl ist's aufgenommen.
    Hänschen, mach' die Thüren auf:
    Sieh nur, wie sie kommen!

Gesellige Lieder (1813)
WA I.1,137ff.

Ein Kind kam

Für uns Kinder, eine jüngere Schwester und mich, war die untere weitläufige Hausflur der liebste Raum, welche neben der Thüre ein großes hölzernes Gitterwerk hatte, wodurch man unmittelbar mit der Straße und der freien Luft in Verbindung kam. Einen solchen Vogelbauer, mit dem viele Häuser versehen waren, nannte man ein Geräms. Die Frauen saßen darin um zu nähen und zu stricken; die Köchin las ihren Salat; die Nachbarinnen besprachen sich von daher miteinander, und die Straßen gewannen dadurch in der guten Jahrszeit ein südliches Ansehen … So kamen auch durch diese Gerämse die Kinder mit den Nachbarn in Verbindung, und mich gewannen drei gegenüber wohnende Brüder von Ochsenstein, hinterlassene Söhne des verstorbenen Schultheißen, gar lieb, und beschäftigten und neckten sich mit mir auf mancherlei Weise …

Es war eben Topfmarkt gewesen, und man hatte nicht allein die Küche für die nächste Zeit mit solchen Waaren versorgt, sondern auch uns Kindern dergleichen Geschirr im Kleinen zu spielender Beschäftigung eingekauft. An einem schönen Nachmittag, da alles ruhig im Hause war, trieb ich im Geräms mit meinen Schüsseln und Töpfen mein Wesen, und da weiter nichts dabei heraus kommen wollte, warf ich ein Geschirr auf die Straße und freute mich, daß es so lustig zerbrach. Die von Ochsenstein, welche sahen, wie ich mich daran ergetzte, daß ich so gar fröhlich in die Händchen patschte, riefen: Noch mehr! Ich säumte nicht, sogleich einen Topf, und auf immer fortwährendes Rufen: Noch mehr! nach und nach sämmtliche

in die Küche

Schüsselchen, Tiegelchen, Kännchen gegen das Pflaster zu schleudern. Meine Nachbarn fuhren fort ihren Beifall zu bezeigen, und ich war höchlich froh ihnen Vergnügen zu machen. Mein Vorrath aber war aufgezehrt, und sie riefen immer: Noch mehr!

Ich eilte daher stracks in die Küche und holte die irdenen Teller, welche nun freilich im Zerbrechen noch ein lustigeres Schauspiel gaben; und so lief ich hin und wieder, brachte einen Teller nach dem andern, wie ich sie auf dem Topfbret der Reihe nach erreichen konnte, und weil sich jene gar nicht zufrieden gaben, so stürzte ich alles, was ich von Geschirr erschleppen konnte, in gleiches Verderben.
Nur später erschien jemand zu hindern und zu wehren.
Das Unglück war geschehen, und man hatte für so viel zerbrochne Töpferwaare wenigstens eine lustige Geschichte, an der sich besonders die schalkischen Urheber bis an ihr Lebensende ergetzten.

Dichtung und Wahrheit
WA I.26,12ff.

Mutters kluge Pfirsiche

Die alte, winkelhafte, an vielen Stellen düstere Beschaffenheit des Hauses war übrigens geeignet, Schauer und Furcht in kindlichen Gemüthern zu erwecken. Unglücklicherweise hatte man noch die Erziehungsmaxime, den Kindern frühzeitig alle Furcht vor dem Ahnungsvollen und Unsichtbaren zu benehmen und sie an das Schauderhafte zu gewöhnen. Wir Kinder sollten daher allein schlafen, und wenn uns dieses unmöglich fiel, und wir uns sacht aus den Betten hervormachten und die Gesellschaft der Bedienten und Mägde suchten, so stellte sich, in umgewandtem Schlafrock und also für uns verkleidet genug, der Vater in den Weg und schreckte uns in unsere Ruhestätte zurück. Die daraus entspringende üble Wirkung denkt sich jedermann. Wie soll derjenige die Furcht los werden, den man zwischen ein doppeltes Furchtbare einklemmt? Meine Mutter, stets heiter und froh, und andern das Gleiche gönnend, erfand eine bessere pädagogische Auskunft. Sie wußte ihren Zweck durch Belohnungen zu erreichen. Es war die Zeit der Pfirschen, deren reichlichen Genuß sie uns jeden Morgen versprach, wenn wir Nachts die Furcht überwunden hätten. Es gelang, und beide Theile waren zufrieden.

Dichtung und Wahrheit
WA I.26,16f.

Süße Sachen

Der Neujahrstag (1759) ward zu jener Zeit durch den allgemeinen Umlauf von persönlichen Glückwünschungen für die Stadt sehr belebend. Wer sonst nicht leicht aus dem Hause kam, warf sich in seine besten Kleider, um Gönnern und Freunden einen Augenblick freundlich und höflich zu sein. Für uns Kinder war besonders die Festlichkeit in dem Hause des Großvaters an diesem Tage ein höchst erwünschter Genuß. Mit dem frühsten Morgen waren die Enkel schon daselbst versammelt, um die Trommeln, die Hoboen und Clarinetten, die Posaunen und Zinken, wie sie das Militär, die Stadtmusici und wer sonst alles ertönen ließ, zu vernehmen. Die versiegelten und überschriebenen Neujahrsgeschenke wurden von den Kindern unter die geringern Gratulanten ausgetheilt, und wie der Tag wuchs, so vermehrte sich die Anzahl der Honoratioren. Erst erschienen die Vertrauten und Verwandten, dann die untern Staatsbeamten; die

beim Großvater

Herren vom Rathe selbst verfehlten nicht ihren Schultheiß zu begrüßen, und eine auserwählte Anzahl wurde Abends in Zimmern bewirthet, welche das ganze Jahr über kaum sich öffneten. Die Torten, Biscuitkuchen, Marzipane, der süße Wein übte den größten Reiz auf die Kinder aus, wozu noch kam, daß der Schultheiß so wie die beiden Burgemeister, aus einigen Stiftungen jährlich etwas Silberzeug erhielten, welches denn den Enkeln und Pathen nach einer gewissen Abstufung verehrt ward; genug es fehlte diesem Feste im Kleinen an nichts was die größten zu verherrlichen pflegt.

Dichtung und Wahrheit
WA I.26, 129 f.

Leipziger

Leipzig 20. Oktober 1765
Morgens um 6.

Riese, guten Tag!

den 21. Abends um 5.

Riese, guten Abend!
… Ich lebe hier, wie - wie - ich weiß selbst nicht recht wie.
Doch so ohngefähr

So wie ein Vogel, der auf einem Ast
Im schönsten Wald, sich, Freiheit athmend wiegt.
Der ungestört die sanfte Luft genießt.
Mit seinen Fittichen von Baum zu Baum
von Bußch zu Bußch sich singend hinzuschwingen.

Genug stellt euch ein Vöglein, auf einem grünen Aestelein in allen seinen Freuden für, so leb ich. Heut hab ich angefangen Collegia zu hören. …
Gottscheden hab ich noch nicht gesehen.
Er hat wieder geheurathet. Eine Ifr. Obristleutnantin. Ihr wißt es doch. Sie ist 19 und er 65 Jahr. Sie ist 4 Schue groß und er 7. Sie ist mager wie ein Häring und er dick wie ein Federsack. -
Ich mache hier große

Allerlei

Figur! - Aber noch zur Zeit bin ich kein Stutzer. Ich werd es auch nicht. - Ich brauche Kunst um fleißig zu sein. In Gesellschaften, Concert, Comoedie, bei Gastereyen, Abendessen, Spazierfahrten so viel es um diese Zeit angeht. Ha! das geht köstlich. Aber auch köstlich, kostspielig. Zum Henker das fühlt mein Beutel. Halt! rettet! haltet auf! Siehst du sie nicht mehr fliegen? Da marschierten 2 Louisdor. Helft! da ging eine. Himmel! schon wieder ein paar. Groschen die sind hier, wie Kreuzer bei euch draußen im Reiche. - Aber dennoch kann hier einer sehr wohlfeil leben. …

Ich habe kostbaaren Tißch. Merkt einmahl unser Küchenzettel. Hüner, Gänße, Truthahnen, Endten, Rebhühner, Schnepfen, Feldhüner, Forellen, Haßen, Wildpret, Hechte, Fasanen, Austern pp. Das erscheinet Täglich. nichts von anderm groben Fleisch *ut sunt* Rind, Kälber, Hamel pp. das weiß ich nicht mehr wie es schmeckt. Und die Herrlichkeiten nicht teuer, gar nicht teuer. – Ich sehe, daß mein Blat bald voll ist und es stehen noch keine Verse darauf, ich habe deren machen wollen. Auf ein andermahl.

An Johann Jacob Riese
WA IV.1, 13ff.

Lieber Kräpfel als Wissenschaft

Meine Collegia besuchte ich anfangs emsig und treulich: die Philosophie wollte mich jedoch keineswegs aufklären. In der Logik kam es mir wunderlich vor, daß ich diejenigen Geistesoperationen, die ich von Jugend auf mit der größten Bequemlichkeit verrichtete, so aus einander zerren, vereinzelen und gleichsam zerstören sollte, um den rechten Gebrauch derselben einzusehen. Von dem Dinge, von der Welt, von Gott glaubte ich ungefähr so viel zu wissen als der Lehrer selbst,

und es schien mir an mehr als Einer Stelle gewaltig zu hapern. Doch ging alles noch in ziemlicher Folge bis gegen Fastnacht, wo in der Nähe des Professors Winkler auf dem Thomasplan, gerade um die Stunde, die köstlichsten Kräpfel heiß aus der Pfanne kamen, welche uns denn dergestalt verspäteten, daß unsere Hefte locker wurden, und das Ende derselben gegen das Frühjahr mit dem Schnee zugleich verschmolz und sich verlor.

Dichtung und Wahrheit
WA I.27,53

Die Welt ist ein Sardellen-Salat

Die Welt ist ein Sardellen-Salat;
Er schmeckt uns früh, er schmeckt uns spat:
Citronen-Scheibchen rings umher,
Dann Fischlein, Würstlein, und was noch mehr
In Essig und Öl zusammenrinnt,
Kapern, so künftige Blumen sind –
Man schluckt sie zusammen wie Ein Gesind.

Eins wie's andre
WA I.4,150

Marinierte Sardellenfilets mit Petersilienkartoffeln, frischen Tomaten und Kapern

Für 4 Portionen:

12 Sardellen
12 kleine Kartoffeln
3 Tomaten
2 Zitronen
1 kleiner Bund Petersilie
1 EL Weißweinessig
200 g Olivenöl
30 g Butter
1 Bund frisches Basilikum
3 Chilischoten
1 Knoblauchzehe
Kapern zum Garnieren

... die Welt ist

Bereits am Vortag muß die Marinade vorbereitet werden. Dazu in eine Rührschüssel das Olivenöl, den Saft der ausgepreßten Zitronen, Essig, zerdrückten Koblauch, einige gehackte Basilikumblätter und Chilischoten geben, verrühren und mit Salz und Pfeffer würzen.

Dann die Sardellenfilets entgräten, vorsichtig in eine Terrine legen und mit der Marinade bedecken. In der geschlossenen Form mindestens 24 Stunden kühl beizen lassen.

Die festkochenden Kartoffeln schälen und in gleichmäßige Form bringen (tournieren). In Salzwasser etwa 10 Minuten gar kochen. Währenddessen die Tomaten filetieren und die Petersilie hacken. In einem kleinen Topf die Butter zerlassen, Kartoffeln abgießen und in

ein Sardellen-Salat

eine Schüssel geben. Die gehackte Petersilie darüberstreuen, mit der Butter übergießen und vorsichtig alles schwenken. Je 3 Kartoffeln auf einem Teller anrichten.

Die Sardellenfilets in einem Sieb abtropfen lassen. Die Tomaten mit der Sardellenmarinade beträufeln und auf die Teller verteilen. Die Sardellenfilets über die Kartoffeln legen.

Zum Schluß alles mit den Basilikumblätterspitzen und den Kapern ausgarnieren.
Als Vorspeise servieren.

Studentenfutter

Er (Schlosser, der spätere Schwager) kam und trat in einem kleinen Gast= oder Weinhause ab, das im Brühl lag und dessen Wirth Schönkopf hieß. Dieser hatte eine Frankfurterin zur Frau, und ob er gleich die übrige Zeit des Jahres wenig Personen bewirthete, und in das kleine Haus keine Gäste aufnehmen konnte, so war er doch Messenzeits von vielen Frankfurtern besucht, welche dort zu speisen und im Nothfall auch wohl Quartier zu nehmen pflegten. …

So lange Schlosser in Leipzig blieb, speis'te ich täglich mit ihm, und lernte eine sehr angenehme Tischgesellschaft kennen. … und befand mich in dieser geschlossenen Gesellschaft um so wohler, als mir die Tochter vom Hause, ein gar hübsches nettes Mädchen, sehr wohl gefiel, und mir Gelegenheit ward freundliche Blicke zu wechseln … Ich sah sie täglich ohne Hindernisse, sie half die Speisen bereiten, die ich genoß, sie brachte mir wenigstens Abends den Wein, den ich trank, und schon unsere mittägige abgeschlossene Tischgesellschaft war Bürge, daß das kleine, von wenig Gästen außer der Messe besuchte Haus seinen guten Ruf wohl verdiente. Es fand sich zu mancherlei Unterhaltung Gelegenheit und Lust. Da sie sich aber aus dem Hause wenig entfernen konnte noch durfte, so wurde denn doch der Zeitvertreib etwas mager. Wir sangen die Lieder von Zachariä, spielten den Herzog Michel von Krüger, wobei ein zusammengeknüpftes Schnupftuch die Stelle der Nachtigall vertreten mußte, und so ging es eine Zeit lang noch ganz leidlich. Weil aber dergleichen Verhältnisse, je unschuldiger sie sind, desto weniger Mannichfaltigkeit auf die Dauer gewähren, so ward ich von jener bösen Sucht befallen, die uns verleitet, aus der Quälerei der Geliebten eine Unterhaltung zu schaffen und die Ergebenheit eines Mädchens mit

bei Käthchen

willkürlichen und tyrannischen Grillen zu beherrschen. ... Durch ungegründete und abgeschmackte Eifersüchteleien verdarb ich mir und ihr die schönsten Tage. Sie ertrug es eine Zeit lang mit unglaublicher Geduld, die ich grausam genug war auf's äußerste zu treiben. Allein zu meiner Beschämung und Verzweiflung mußte ich endlich bemerken, daß sich ihr Gemüth von mir entfernt habe, und daß ich nun wohl zu den Tollheiten berechtigt sein möchte, die ich mir ohne Noth und Ursache erlaubt hatte. Es gab auch schreckliche Scenen unter uns, bei welchen ich nichts gewann; und nun fühlte ich erst, daß ich sie wirklich liebte und daß ich sie nicht entbehren könne. Meine Leidenschaft wuchs und nahm alle Formen an, deren sie unter solchen Umständen fähig

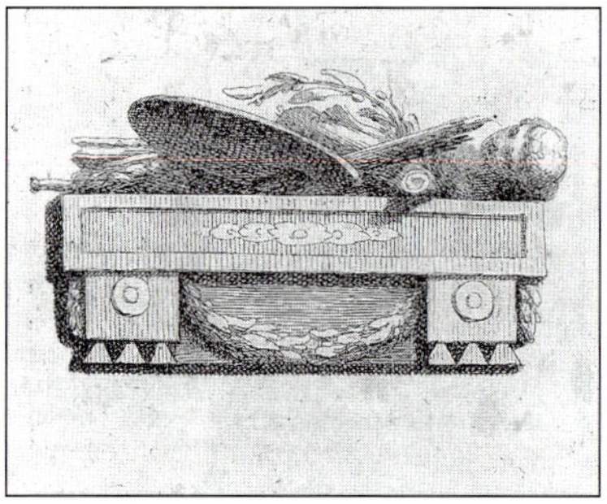

ist; ja zuletzt trat ich in die bisherige Rolle des Mädchens. Alles Mögliche suchte ich hervor, um ihr gefällig zu sein, ihr sogar durch andere Freude zu verschaffen: denn ich konnte mir die Hoffnung, sie wieder zu gewinnen, nicht versagen. Allein es war zu spät! ich hatte sie wirklich verloren .... ja ich wäre vielleicht an diesem Verlust völlig zu Grunde gegangen, hätte sich nicht hier das poetische Talent mit seinen Heilkräften besonders hülfreich erwiesen. ... Daraus entsprang die älteste meiner überbliebenen dramatischen Arbeiten, das kleine Stück, die Laune des Verliebten, an dessen unschuldigem Wesen man zugleich den Drang einer siedenden Leidenschaft gewahr wird.

Dichtung und Wahrheit
WA I.27,84ff.

Die fröhliche Tischzeit

Nun setzt' ich mich zu meiner Tasch' und Briefen
Und meines Tagebuchs Genauigkeiten,
Um so wie sonst, wenn alle Menschen schliefen,
Mir und der Trauten Freude zu bereiten;
Doch weiß ich nicht, die Tintenworte liefen
Nicht so wie sonst in alle Kleinigkeiten:
Das Mädchen kam, des Abendessens Bürde
Vertheilte sie gewandt mit Gruß und Würde.

Sie geht und kommt; ich spreche, sie erwiedert;
Mit jedem Wort erscheint sie mir geschmückter.
Und wie sie leicht mir nun das Huhn zergliedert,
Bewegend Hand und Arm, geschickt, geschickter –
Was auch das tolle Zeug in uns befiedert –
Genug ich bin verworrner, bin verrückter,
Den Stuhl umwerfend spring' ich auf und fasse
Das schöne Kind; sie lispelt: Lasse, lasse!

Das Tagebuch
WA I.5.2,346

Mit Zitrone und Kräutern gefüllte Poulardenbrust auf gegrillten Auberginen und Rucolasalat

Für 4 Portionen:

2 Poulardenbrüste

Füllung für Poulardenbrust:

Schale von 1 Zitrone
1 Zweig Rosmarin
1 Zweig Thymian
4 Blätter Salbei
4 Blätter Basilikum
1 EL gehackte Petersilie

1 Aubergine • 300 g Rucolasalat
1 EL Zitronensaft • 5 EL Olivenöl
Salz und Pfeffer aus der Mühle

... und wie sie leicht mir

Die Poulardenbrüste längs aufschneiden und leicht plattieren (am besten mit der Schneide eines großen Messers klopfen). Die Kräuter fein hacken, die Zitronenschalen blanchieren und ebenfalls fein wiegen. Die Poulardenbrüste mit den Kräutern und der Zitronenschale bestreuen und fest einrollen. Einzeln in Alu-Folie einpacken und im vorgeheizten Ofen bei 200° C 7-8 Minuten garen. Eingepackt kaltstellen.

Die Auberginen in 1/2 cm dicke Scheiben schneiden und einsalzen. Mindestens 10 Minuten auf einem Tuch ausbreiten und Wasser ziehen lassen. Danach in einer geriffelten Pfanne in Olivenöl beidseitig scharf grillen.

Die gewaschenen Rucolasalatblätter mit Zitronensaft und Olivenöl überziehen und kreisförmig auf dem Teller anrichten.

nun das Huhn zergliedert

Die Auberginen ebenfalls kreisförmig in der Mitte des Tellers auf dem Rucola verteilen.

Die Poulardenbrüste vorsichtig aus der Alu-Folie wickeln und mit einem scharfen Messer (oder auch einem Elektromesser) in hauchdünne Scheiben schneiden und portionsweise auf die Auberginen legen. Zum Schluß mit Basilikumblättern ausgarnieren.

Pfarrhaus-Fête bei

Die Gesellschaft bestand aus jungen, ziemlich lärmenden Freunden, die ein alter Herr noch zu überbieten trachtete und noch wunderlicheres Zeug angab als sie ausübten. Man hatte schon bei'm Frühstück den Wein nicht gespart; bei einem sehr wohl besetzten Mittagstische ließ man sich's an keinem Genuß ermangeln und allen schmeckte es, nach der angreifenden Leibesübung, bei ziemlicher Wärme, um so besser, und wenn der alte Amtmann des Guten ein wenig zu viel gethan hatte, so war die Jugend nicht weit hinter ihm zurückgeblieben.

Ich war gränzenlos glücklich an Friederikens Seite: gesprächig, lustig, geistreich, vorlaut, und doch durch Gefühl, Achtung und Anhänglichkeit gemäßigt. Sie in gleichem Falle, offen, heiter, theilnehmend und mittheilend. Wir schienen allein für die Gesellschaft zu leben und lebten bloß wechselseitig für uns.

Nach Tische suchte man den Schatten, gesellschaftliche Spiele wurden vorgenommen und Pfänderspiele kamen an die Reihe. Bei Lösung der Pfänder ging alles jeder Art in's Übertriebene: Gebärden die man verlangte, Handlungen die man ausüben, Aufgaben die man lösen sollte,

alles zeigte von einer verwegenen Lust, die keine Gränzen kennt. Ich selbst steigerte diese wilden Scherze durch manchen Schwank, Friederike glänzte durch manchen neckischen Einfall; sie erschien mir lieblicher als je; alle hypochondrischen abergläubischen Grillen waren mir verschwunden, und als sich die Gelegenheit gab, meine so zärtlich Geliebte recht herzlich zu küssen, versäumte ich's nicht, und noch weniger versagte ich mir die Wiederholung dieser Freude.

Die Hoffnung der Gesellschaft auf Musik wurde endlich befriedigt, sie ließ sich hören und alles eilte zum Tanz. Die Allemanden, das Walzen und Drehen war Anfang, Mittel und

Friederike in Sesenheim

Ende. Alle waren zu diesem Nationaltanz aufgewachsen; auch ich machte meinen geheimen Lehrmeisterinnen Ehre genug, und Friederike, welche tanzte wie sie ging, sprang und lief, war sehr erfreut an mir einen geübten Partner zu finden. Wir hielten meist zusammen, mußten aber bald Schicht machen, weil man ihr von allen Seiten zuredete, nicht weiter fortzurasen. Wir entschädigten uns durch einen einsamen Spaziergang Hand in Hand, und an jenem stillen Platze durch die herzlichste Umarmung und die treulichste Versicherung, daß wir uns von Grund aus liebten.

Ältere Personen die vom Spiel aufgestanden waren, zogen uns mit sich fort. Bei der Abend=Collation kam man eben so wenig zu sich selbst; es ward bis tief in die Nacht getanzt, und an Gesundheiten so wie an andern Aufmunterungen zum Trinken fehlte es so wenig als am Mittag.

Dichtung und Wahrheit
WA I.28,20ff.

Ich liebe zu tafeln am lustigen Ort

Ich habe gespeiset, nun speis' ich erst gut!
Bei heiterem Sinne, mit fröhlichem Blut
Ist alles an Tafel vergessen.
Die Jugend verschlingt nur, dann sauset sie fort;
Ich liebe zu tafeln am lustigen Ort,
Ich kost' und ich schmecke bei'm Essen.

Ich habe getrunken, nun trink' ich erst gern!
Der Wein, er erhöht uns, er macht uns zum Herrn
Und löset die sklavischen Zungen.
Ja, schonet nur nicht das erquickende Naß:
Denn schwindet der älteste Wein aus dem Faß,
So altern dagegen die jungen.

Ich habe getanzt und dem Tanze gelobt,
Und wird auch kein Schleifer, kein Walzer getobt,
So drehn wir ein sittiges Tänzchen.
Und wer sich der Blumen recht viele verflicht,
Und hält auch die ein' und die andere nicht,
Ihm bleibet ein munteres Kränzchen.

Drum frisch nur auf's neue! Bedenke dich nicht:
Denn wer sich die Rosen, die blühenden, bricht,
Den kitzeln fürwahr nur die Dornen.
So heute wie gestern, es flimmert der Stern;
Nur halte von hängenden Köpfen dich fern
Und lebe dir immer von vornen.

Gewohnt, gethan
WA I.1, 124 f.

Werthers Freuden

(Frankfurt und Langen, 26. - 31. August 1774.)

Ich habe gestern den 26. einen Brief an dich angefangen, hier sitz ich nun in Langen zwischen Franckfurt und Darmstadt, erwarte Merken, den ich hierher beschieden habe, und mir ist im Sinn an dich zu schreiben. Heut vor zwey Jahren sas ich bey dir fast den ganzen Tag da wurden Bohnen geschnitten biss um Mitternacht, und der 28te feyerlich mit Thee und freundlichen Gesichtern begonnen o Lotte, und du versicherst mich mit all der Offenheit und Leichtigkeit der Seele, die mir so werth immer war an dir, dass ihr mich noch liebt, denn sieh es wäre gar traurig wenn auch über uns der Zeiten Lauf das Uebergewicht nehmen sollte. Ich werde dir ehestens ein Gebetbuch, Schatzkästgen oder wie du's nennen magst schicken, um dich Morgends und Abends zu stärken in guten Erinnerungen der Freundschaft und Liebe. Morgen denckt Ihr gewiss an mich. …

d. 31. Aug. … doch die Nacht traumt ich von dir wie ich wäre wieder zu dir gekommen und du mir einen herzlichen Kuss geben hättest. Solang ich von dir weg binn hab ich weder wachend noch träumend, dich so deutlich vor mir gesehn. Adieu. …

An Charlotte Kestner
WA IV.2, 190ff.

bei Bohnen und Tee

Mit Honig fängt

Lili's Park

Ist doch keine Menagerie
So bunt, als meiner Lili ihre!
Sie hat darin die wunderbarsten Thiere,
Und kriegt sie 'rein, weiß selbst nicht wie.
O wie sie hüpfen, laufen, trappeln,
Mit abgestumpften Flügeln zappeln,
Die armen Prinzen allzumal,
In nie gelöschter Liebesqual!

»Wie hieß die Fee? - Lili?« - Fragt nicht nach ihr!
Kennt ihr sie nicht, so danket Gott dafür.

... Auf einmal! Ach, es dringt
Ein seliges Gefühl durch alle meine Glieder!
Sie ist's, die dort in ihrer Laube singt!
Ich höre die liebe, liebe Stimme wieder,
Die ganze Luft ist warm, ist blüthevoll.
Ach singt sie wohl, daß ich sie hören soll?
Ich dringe zu, tret' alle Sträuche nieder,
Die Büsche fliehn, die Bäume weichen mir,
Und so - zu ihren Füßen liegt das Thier.

Sie sieht es an: »Ein Ungeheuer! doch drollig!
Für einen Bären zu mild,
Für einen Pudel zu wild,
So zottig, täpsig, knollig!«
Sie streicht ihm mit dem Füßchen über'n Rücken;
Er denkt im Paradiese zu sein.
Wie ihn alle sieben Sinne jücken!
Und Sie, sieht ganz gelassen drein.
Ich küss' ihre Schuhe, kau' an den Sohlen,
So sittig als ein Bär nur mag;
Ganz sachte heb' ich mich, und schwinge mich verstohlen
Leis an ihr Knie - Am günst'gen Tag
Läßt sie's geschehn, und kraut mir um die Ohren,
Und patscht mich mit muthwillig derbem Schlag;
Ich knurr', in Wonne neu geboren;
Dann fordert sie mit süßem eitlem Spotte:
Allons tout doux! eh la menotte!
Et faites Serviteur,
Comme un joli Seigneur.
So treibt sie's fort mit Spiel und Lachen!
Es hofft der oft betrogne Thor;
Doch will er sich ein bißchen unnütz machen,
Hält sie ihn kurz als wie zuvor.

man keine Bären

Doch hat sie auch ein Fläschchen Balsam=Feuers,
Dem keiner Erde Honig gleicht,
Wovon sie wohl einmal, von Lieb' und Treu' erweicht,
Um die verlechzten Lippen ihres Ungeheuers
Ein Tröpfchen mit der Fingerspitze streicht,
Und wieder flieht und mich mir überläßt,
Und ich dann, losgebunden, fest
Gebannt bin, immer nach ihr ziehe,
Sie suche, schaudre, wieder fliehe -
So läßt sie den zerstörten Armen gehn,
Ist seiner Lust, ist seinen Schmerzen still;
Ha! manchmal läßt sie mir die Thür halb offen stehn,
Seitblickt mich spottend an, ob ich nicht fliehen will.

Und ich! - Götter, ist's in euren Händen,
Dieses dumpfe Zauberwerk zu enden;
Wie dank' ich, wenn ihr mir die Freiheit schafft!
Doch sendet ihr mir keine Hülfe nieder -
Nicht ganz umsonst reck' ich so meine Glieder:
Ich fühl's! Ich schwör's! Noch hab' ich Kraft.

Vermischte Gedichte
WA I.2,87ff.

Weimarer Hiebe und neue Liebe

(Weimar, etwa 8. Januar 1776.)

Ich muss Ihnen noch einen Danck für das Wurst Andencken und eine Gute Nacht sagen. Mein Peitschen Hieb übers Aug ist nur *allegorisch* wies der *Brand* an meinem Billet von heut früh auch ist. Wenn man künftig die Fidibus hier zu Lande so galant kneipen wird wie ein *süss Zettelgen*, wirds ein trefflich leben werden.

Ich bin geplagt und so gute Nacht. Ich hab *liebe* Briefe kriegt, die mich aber peinigen weil sie *lieb* sind. Und alles *liebe* peinigt mich auch hier ausser *Sie* liebe Frau, so ***lieb*** Sie auch sind. Drum das einaugige Gekrizzel zu Nacht.

G.

An Charlotte v. Stein
WA IV.3,16

Mit dem Herzog auf Hasenjagd

(Weimar, 16. Januar 1776.)

So gehts denn liebe Frau durch Frost und Schnee und Nacht. Es scheint sich unser Beruf zu Abentheuern mehr zu bekräfftigen. Ein Bisgen ungern bin ich aufgestanden denn um 12 erst kam ich zu Bett. Es ist mir als wenn mich's muntrer machte Ihnen zu schreiben, denn gewiss wenn's nach Kochberg ginge wär ich muntrer. – – Ich hab meine Weinsuppe gessen – – Liebe Frau ich weis auch Zeiten wo ich früh aufgestanden bin, und aufwachen und aufspringen eins war – aber wenn man in der weiten Welt nichts aufzutreiben weis als Hasen. – Ich versäume mein Anziehen – Und wenn ich's nicht als Vorbild künftiger Abenteuer ansähe, und der Mensch nun doch einmal nichts taugt der nicht geschoren wird – Es ist fünfe dencken Sie an mich und Ade.

G.

An Charlotte v. Stein
WA IV.3, 19

Aus der Familienküche

(Weimar) d. 6. Merz (1776.)

Liebe Tante. Schreibt mir und liebt mich. Sorgt nicht für mir. Ich fresse mich überall durch wie der Schwärmer sagt. Jezt bitt ich euch beruhigt euch *ein vor allemal,* der Vater mag kochen was er will, ich kann nicht immer *darauf* antworten nicht immer *die* Grillen zurecht legen. Soviel ists: Ich bleibe hier, hab ein schön Logis gemieth, aber der Vater ist mir *Ausstattung* und *Mitgift schuldig* das mag die Mutter nach ihrer Art einleiten, sie soll nur kein *Kind* seyn, da ich *Bruder* und *alles* eines Fürsten bin. Der Herzog hat mir wieder 100 Dukaten geschenckt. *Gegeben* Wie ihr wollt – ich bin ihm was ich ihm seyn kann, er mir was er seyn kann – das mag nun fortgehn wie und so lang das kann. Ich bin noch allerley Leuten schuldig das thut mir nichts – Aber die Mutter soll nur ihre Schuldigkeit thun, und sehn was auf den Vater *möglich* ist ohne sie zu plagen! – Wenn sie allenfalls Geld braucht und kanns vom Vater nicht haben: so will ichs ihr schicken.

G.

An Johanna Fahlmer
WA IV.3,37f.

Guten Morgen mit Spargels

(Weimar) d. 19. May Sonntag (1776.)

Zum erstenmal im Garten(haus) geschlafen, und nun Erdtulin für ewig. Da sind Spargel, erst iezt gestochen, lassen Sie sie nicht unter die andern kommen, essen Sie sie allein da Sie doch einmal das glückliche Vorurtheil dafür haben; wie mir's eben am besten schmeckt, wenn ich sie mit Ihnen esse. Sagen Sie mir wie's Ihnen heut Mitag ist. Ob ich kommen darf? Die Ruhe hierhaussen ist unendlich. Und wenn Sie erst einmal werden abgeschieden seyn – Ich mag dadran nicht dencken Ade.

G.

An Charlotte v. Stein
WA IV.3,62

(Weimar) d. 21. May 76.

Da liebe Frau wieder Spargel ich esse heut mit Ihnen. Gestern als ich zu Bette gehn wollt und ihr Armband mir in die Hände kam macht ich mir Vorwürfe. Guten Morgen beste.

G.

An Charlotte v. Stein
WA IV.3,63

oder Liebe geht durch den Magen

(Weimar) d. 3. May 77.

Guten Morgen mit Spargels. Wie ists Ihnen gestern gegangen. Mir hat Philipp noch einen Eyerkuchen gebacken und drauf hab ich mich in blauen Mantel gehüllt auf die Altan, an den Boden in ein trocken Winckelgen gelegt und im Bliz Donner und Regen herrlich geschlummert, dass mir sogar mein Bett nachher fatal war. …

Zu Tisch komm ich wohl liebstes.

G.

An Charlotte v. Stein.
WA IV.3,153 f.

Hier noch zur guten Nacht, ein Ragout. – – Allerley – –! Gewürzt –! Sie fühlen mit was!

G.

An Charlotte v. Stein
WA IV.3,209

(Weimar) d. 11. Febr. 78.

Ich fühle dass ich heute wieder im Verborgnen bleiben muss. Meine Küche giebt mir nur Erbsen und Wurst, nach 12 schick ich Sie noch um einen Beytrag zu bitten. Es ist mir als wenn eine Verändrung in mir vorging ich weis sie aber noch nicht zu deuten.

G.

An Charlotte v. Stein
WA IV.3,211

Der nordische Flüchtling

Kennst du das Land, wo die Citronen blühn,
Im dunkeln Laub die Gold-Orangen glühn,
Ein sanfter Wind vom blauen Himmel weht,
Die Myrte still und hoch der Lorbeer steht,
Kennst du es wohl?
Dahin! Dahin
Möcht' ich mit dir, o mein Geliebter, ziehn.

Mignon
WA I.1,161

Römische Genüsse

Cäsarn wär' ich wohl nie zu fernen Britannen gefolget,
Florus hätte mich leicht in die Popine geschleppt!
Denn mir bleiben weit mehr die Nebel des traurigen Nordens,
Als ein geschäftiges Volk südlicher Flöhe verhaßt.
Und noch schöner von heut an seid mir gegrüßet, ihr Schenken,
Osterien, wie euch schicklich der Römer benennt;
Denn ihr zeigtet mir heute die Liebste begleitet vom Oheim,
Den die Gute so oft, mich zu besitzen, betriegt.
Hier stand unser Tisch, den Deutsche vertraulich umgaben;
Drüben suchte das Kind neben der Mutter den Platz,
Rückte vielmals die Bank, und wußt' es artig zu machen,
Daß ich halb ihr Gesicht, völlig den Nacken gewann.
Lauter sprach sie, als hier die Römerin pfleget, kredenzte,
Blickte gewendet nach mir, goß und verfehlte das Glas.
Wein floß über den Tisch, und sie, mit zierlichem Finger,
Zog auf dem hölzernen Blatt Kreise der Feuchtigkeit hin.
Meinen Namen verschlang sie dem ihrigen; immer begierig
Schaut' ich dem Fingerchen nach, und sie bemerkte mich wohl.
Endlich zog sie behende das Zeichen der römischen Fünfe
Und ein Strichlein davor. Schnell, und sobald ich's gesehn,
Schlang sie Kreise durch Kreise, die Lettern und Ziffern zu löschen;
Aber die köstliche *Vier* blieb mir in's Auge geprägt.
Stumm war ich sitzen geblieben, und biß die glühende Lippe,
Halb aus Schalkheit und Lust, halb aus Begierde, mir wund.
Erst noch so lange bis Nacht! dann noch vier Stunden zu warten!

Elegie Nr. 15
WA I. 1, 253f.

Neapel sehen - und schmausen

Es ist keine Jahreszeit, wo man sich nicht überall von Eßwaaren umgeben sähe, und der Neapolitaner freut sich nicht allein des Essens, sondern er will auch, daß die Waare zum Verkauf schön aufgeputzt sei.

Bei Santa Lucia sind die Fische nach ihren Gattungen meist in reinlichen und artigen Körben, Krebse, Austern, Scheiden, kleine Muscheln, jedes besonders aufgetischt und mit grünen Blättern unterlegt. Die Läden von getrocknetem Obst und Hülsenfrüchten sind auf das mannichfaltigste herausgeputzt. Die ausgebreiteten Pomeranzen und Citronen von allen Sorten, mit dazwischen hervorstechendem grünem Laub, dem Auge sehr erfreulich. Aber nirgends putzen sie mehr als bei den Fleischwaaren, nach welchen das Auge des Volks besonders lüstern gerichtet ist, weil der Appetit durch periodisches Entbehren nur mehr gereizt wird.

In den Fleischbänken hängen die Theile der Ochsen, Kälber, Schöpse niemals aus, ohne daß neben dem Fett zugleich die Seite oder die Keule stark vergoldet sei. Es sind verschiedne Tage im Jahr, besonders die Weihnachtsfeiertage, als Schmausfeste berühmt; alsdann feiert man eine allgemeine Cocagna, wozu sich fünfhundert tausend Menschen das Wort gegeben haben. Dann ist aber auch die Straße Toledo und neben ihr mehrere Straßen und Plätze auf das appetitlichste verziert. Die Boutiquen, wo grüne Sachen verkauft werden, wo Rosinen, Melonen und Feigen aufgesetzt sind, erfreuen das Auge auf das allerangenehmste. Die Eßwaaren hängen in Guirlanden über die Straßen hinüber; große Paternoster von vergoldeten, mit rothen Bändern geschnürten Würsten; wälsche Hähne, welche alle eine rothe Fahne unter dem Bürzel stecken haben. Man versicherte, daß deren dreißig tausend verkauft worden, ohne die zu rechnen, welche die Leute im Hause gemästet hatten. Außer diesem werden noch eine Menge Esel mit grüner Waare, Capaunen und jungen Lämmern beladen durch die Stadt und über den Markt getrieben, und die Haufen Eier, welche man hier und da sieht, sind so groß, daß man sich ihrer niemals so viel beisammen gedacht hat.

Und nicht genug, daß alles dieses verzehret wird: alle Jahre reitet ein Polizeidiener mit einem Trompeter durch die Stadt und verkündigt auf allen Plätzen und Kreuzwegen, wie viel tausend Ochsen, Kälber, Lämmer, Schweine u.s.w. der Neapolitaner verzehrt habe. Das Volk höret aufmerksam zu, freut sich unmäßig über die großen Zahlen, und jeder erinnert sich des Antheils an diesem Genusse mit Vergnügen.

Was die Mehl= und Milchspeisen betrifft, welche unsere Köchinnen so mannichfaltig zu bereiten wissen, ist für jenes Volk, das sich in dergleichen Dingen gerne kurz faßt und keine wohleingerichtete Küche hat, doppelt gesorgt. Die Maccaroni, ein zarter, stark durchgearbeiteter, gekochter, in gewisse Gestalten gepreßter Teig von feinem Mehle, sind von allen Sorten überall um ein Geringes zu haben. Sie werden meistens nur in Wasser abgekocht und der geriebene Käse schmälzt und würzt zugleich die Schüssel. Fast an der Ecke jeder großen Straße sind die Backwerkverfertiger mit ihren Pfannen voll siedenden Öls, besonders an Fasttagen, beschäftigt, Fische und Backwerk einem jeden nach seinem Verlangen sogleich zu bereiten. Diese Leute haben einen unglaublichen Abgang, und viele tausend Menschen tragen ihr Mittag= und Abendessen von da auf einem Stückchen Papier davon.

Italiänische Reise
Neapel, den 29. Mai 1787
WA I.31,266ff.

Man darf nur auf der Straße wandeln und Augen haben, man sieht die unnachahmlichsten Bilder.

Am Molo, einer Hauptlärmecke der Stadt, sah ich gestern einen Pulcinell, der sich auf einem Bretergerüste mit einem kleinen Affen stritt, drüber einen Balcon, auf dem ein recht artiges Mädchen ihre Reize feil bot. Neben dem Affengerüste ein Wunderdoctor, der seine Arcana gegen alle Übel den bedrängten Gläubigen darbot; von Gerhard Dow gemahlt, hätte solch ein Bild verdient, Zeitgenossen und Nachwelt zu ergötzen.

So war auch heute Fest des heiligen Josephs; er ist der Patron aller Frittaruolen, d. h. Gebacknesmacher, versteht sich Gebacknes im gröbsten Sinne. Weil nun immerfort starke Flammen unter schwarzem und siedendem Öl hervorschlagen, so gehört auch alle Feuerqual in ihr Fach; deßwegen hatten sie gestern Abend vor den Häusern mit Gemählden zum besten aufgeputzt: Seelen im Fegfeuer, jüngste Gerichte glühten und flammten umher. Große Pfannen standen vor der Thüre auf leicht gebauten Herden. Ein Gesell wirkte den Teig, ein anderer formte, zog ihn zu Kringlen

und warf sie in die siedende Fettigkeit. An der Pfanne stand ein dritter, mit einem kleinen Bratspieße, er holte die Kringlen, wie sie gar wurden, heraus, schob sie einem vierten auf ein ander Spießchen, der sie den Umstehenden anbot; die beiden letzten waren junge Bursche mit blonden und lockenreichen Perrücken, welches hier Engel bedeutet. Noch einige Figuren vollendeten die Gruppe, reichten Wein den Beschäftigten, tranken selbst und schrieen, die Waare zu loben; auch die Engel, die Köche, alle schrieen. Das Volk drängte sich herzu, denn alles Gebackene wird diesen Abend wohlfeiler gegeben und sogar ein Theil der Einnahme den Armen.

Italiänische Reise
Neapel, zum 19. März (1787.)
WA I.31,62

Neapolitanische Zeppole mit Vanillecreme und Sauerkirschen

Für 4 Portionen:

Zeppole

200 g Sauerkirschen
4 EL Vanillecreme
50 g Zucker
50 ml Wasser
2 EL Kirschwasser
Fritierfett
250 ml Wasser
125 g Butter
125 g Mehl
4 Eier
Puderzucker
Minzeblätter

Vanillecreme

1/2 l Milch
4 Eigelb
125 g Zucker
50 g Mehl
1/2 Vanilleschote
Zitronen- oder Orangenschale

... er ist der

Als erstes muß die Vanillecreme vorbereitet werden: In einer Rührschüssel die Eigelb mit der Hälfte des Zuckers verrühren und Mehl dazugeben. In einem Topf die Milch und den restlichen Zucker mit Zitronen- oder Orangenschale aufkochen, zur Eigelbmasse geben und vermengen. Alles wieder in den Topf zurückgießen und bei mittlerer Hitze aufkochen lassen, dann auf ein Blech gießen und kaltstellen. Für die Zeppole in einem Topf Wasser und Butter aufkochen, gesiebtes Mehl langsam einrühren. Die Masse unter Rühren abbrennen bis nichts mehr klebt; in einen Schlagkessel umfüllen und bis auf Handwärme abkühlen lassen. Nacheinander die Eier dazugeben und glattrühren.

Nun kleine Kreise mit einem Spritzbeutel auf Backpapier spritzen, Durchmesser ca. 5 cm, mit

Patron aller Frittaruolen

einem kleinen Loch in der Mitte. Fritierfett auf 175° C erhitzen, die Kringel auf dem Backpapier goldgelb ausbacken. Nach dem Herausnehmen Papier vorsichtig entfernen und beiseite stellen.

Die Sauerkirschen mit dem Läuterzucker (Zucker und Wasser) kurz aufkochen und abkühlen lassen.

Die erkalteten Zeppole quer durchschneiden, Vanillecreme einfüllen, die Hälften aufeinandersetzen und jeweils zwei Stück auf einem großen Teller anrichten. Das Loch ebenfalls mit der Creme auffüllen. Die Sauerkirschen ringsum portionsweise anrichten. Alles mit Puderzucker bestreuen und mit Minzeblättern garnieren.

Fastenspeisen mit Prinzeßchen und Hochwürden

Abends. Damit ich ja zur bestimmten Zeit heute bei dem wunderlichen Prinzeßchen wäre und das Haus nicht verfehlte, berief ich einen Lohnbedienten. Er brachte mich vor das Hofthor eines großen Palastes, und da ich ihr keine so prächtige Wohnung zutraute, buchstabirte ich ihm noch einmal auf's deutlichste den Namen; er versicherte, daß ich recht sei. Nun fand ich einen geräumigen Hof, einsam und still, reinlich und leer, von Haupt= und Seitengebäuden umgeben. Bauart, die bekannte heitere neapolitanische, so auch die Färbung. Gegen mir über ein großes Portal und eine breite gelinde Treppe. An beiden Seiten derselben hinaufwärts, in kostbarer Livree, Bedienten gereiht, die sich, wie ich an ihnen vorbei stieg, auf's tiefste bückten. Ich schien mir der Sultan in Wielands Feenmärchen und faßte mir nach dessen Beispiel ein Herz. Nun empfingen mich die höheren Hausbedienten, bis endlich der anständigste die Thüre eines großen Saals eröffnete, da sich denn ein Raum vor mir aufthat, den ich eben so heiter aber auch so menschenleer fand als das Übrige. Bei'm Auf= und Abgehen erblickte ich, in einer Seitengalerie, etwa für vierzig Personen, prächtig, dem Ganzen gemäß eine Tafel bereitet. Ein Weltgeistlicher trat herein; ohne mich zu fragen, wer ich sei, noch woher ich komme, nahm er meine Gegenwart als bekannt an und sprach von den allgemeinsten Dingen.

Ein paar Flügelthüren thaten sich auf, hinter einem ältlichen Herrn, der herein trat, gleich wieder verschlossen. Der Geistliche ging auf ihn los, ich auch, wir begrüßten ihn mit wenigen höflichen Worten, die er mit bellenden stotternden Tönen erwiderte, so daß ich mir keine Sylbe des hottentottischen Dialekts enträthseln konnte. Als er sich an's Kamin gestellt, zog sich der Geistliche zurück und ich mit ihm. Ein stattlicher Benedictiner trat herein, begleitet

von einem jüngeren Gefährten; auch er begrüßte den Wirth, auch er wurde angebellt, worauf er sich denn zu uns an's Fenster zurückzog. Die Ordensgeistlichen, besonders die eleganter gekleideten, haben in der Gesellschaft die größten Vorzüge; ihre Kleidung deutet auf Demuth und Entsagung, indem sie ihnen zugleich entschiedene Würde verleiht. In ihrem Betragen können sie, ohne sich wegzuwerfen, unterwürfig erscheinen und dann, wenn sie wieder strack auf ihren Hüften stehen, kleidet sie eine gewisse Selbstgefälligkeit sogar wohl, welche man allen übrigen Ständen nicht zu Gute gehen ließe. So war dieser Mann. Ich fragte nach Monte Cassino, er lud mich dahin und versprach mir die beste Aufnahme. Indessen hatte sich der Saal bevölkert: Officiere, Hofleute, Weltgeistliche, ja sogar einige Capuziner waren gegenwärtig. Vergebens suchte ich nach einer Dame, und daran sollte es denn auch nicht fehlen. Abermals ein paar Flügelthüren thaten sich auf und schlossen sich. Eine alte Dame war herein getreten, wohl noch älter als der Herr, und nun gab mir die Gegenwart der Hausfrau die völlige Versicherung, daß ich in einem fremden Palast, unbekannt völlig den Bewohnern sei. Schon wurden die Speisen aufgetragen und ich hielt mich in der Nähe der geistlichen Herren, um mit ihnen in das Paradies des Tafelzimmers zu schlüpfen, als auf einmal Filangieri mit seiner Gemahlin hereintrat, sich entschuldigend, daß er verspätet habe. Kurz darauf sprang Prinzeßchen auch in den Saal, fuhr unter Knixen, Beugungen, Kopfnicken an allen vorbei auf mich los. »Es ist recht schön, daß Sie Wort halten!« rief sie, »Setzen Sie sich bei Tafel zu mir, Sie sollen die besten Bissen haben. Warten Sie nur! ich muß mir erst den rechten Platz aussuchen, dann setzen Sie sich gleich an mich.« So aufgefordert folgte ich den verschiedenen Winkelzügen, die sie machte, und wir gelangten endlich zum Sitze, die Benedictiner gerade gegen uns über, Filangieri an meiner andern Seite. – »Das Essen ist durchaus gut«, sagte sie, »alles Fastenspeisen, aber ausgesucht, das Beste will ich Ihnen andeuten. Jetzt muß ich aber die Pfaffen scheren. Die Kerls kann ich nicht ausstehen; sie hucken unserm Hause tagtäglich etwas ab. Was wir haben, sollten wir selbst mit Freunden verzehren!« – Die Suppe war herumgegeben, der Benedictiner aß mit Anstand. – »Bitte sich nicht zu geniren, Hochwürden«, rief sie aus, »ist etwa der Löffel zu klein? Ich will einen größern holen lassen, die Herren sind ein tüchtiges Maulvoll gewohnt.« – Der Pater versetzte: Es sei in ihrem fürstlichen Hause alles so vortrefflich eingerichtet, daß ganz andere Gäste als er eine vollkommenste Zufriedenheit empfinden würden.
Von den Pastetchen nahm sich der Pater nur eins, sie rief ihm zu: er möchte doch ein halb Dutzend nehmen! Blätterteig, wisse er ja, verdaue sich leicht genug. Der verständige Mann nahm noch ein Pastetchen, für die gnädige Attention dankend, als habe er den lästerlichen Scherz nicht vernommen. Und so mußte ihr auch bei einem derbern Backwerk Gelegenheit werden, ihre Bosheit auszulassen: denn als der Pater ein Stück anstach und es auf seinen Teller zog, rollte ein zweites nach. – »Ein drittes«, rief sie, »Herr Pater,

Sie scheinen einen guten Grund legen zu wollen!« – »Wenn so vortreffliche Materialien gegeben sind, hat der Baumeister leicht arbeiten!« versetzte der Pater. – Und so ging es immer fort, ohne daß sie eine andere Pause gemacht hätte, als mir gewissenhaft die besten Bissen zuzutheilen.
Ich sprach indessen mit meinem Nachbar von den ernstesten Dingen. Überhaupt habe ich Filangieri nie ein gleichgültiges Wort reden hören. Er gleicht darin, wie in manchem andern, unserm Freunde Georg Schlosser, nur daß er, als Neapolitaner und Weltmann, eine weichere Natur und einen bequemern Umgang hat.
Diese ganze Zeit war den geistlichen Herren von dem Muthwillen meiner Nachbarin keine Ruhe gegönnt, besonders gaben ihr die zur Fastenzeit in Fleischgestalt verwandelten Fische unerschöpflichen Anlaß gott= und sittenlose Bemerkungen anzubringen, besonders aber auch die Fleischeslust hervorzuheben und zu billigen, daß man sich wenigstens an der Form ergötze, wenn auch das Wesen verboten sei.

Ich habe mir noch mehr solcher Scherze gemerkt, die ich jedoch mitzutheilen nicht Muth habe. Dergleichen mag sich im Leben und aus einem schönen Munde noch ganz erträglich ausnehmen, schwarz auf weiß dagegen wollen sie mir selbst nicht mehr gefallen. Und dann hat freche Verwegenheit das Eigene, daß sie in der Gegenwart erfreut, weil sie in Erstaunen setzt, erzählt aber erscheint sie uns beleidigend und widerlich.

Das Dessert war aufgetragen und ich fürchtete, nun gehe es immer so fort; unerwartet aber wandte sich meine Nachbarin ganz beruhigt zu mir und sagte: »Den Syracuser sollen die Pfaffen in Ruhe verschlucken, es gelingt mir doch nicht einen zu Tode zu ärgern, nicht einmal daß ich ihnen den Appetit verderben könnte. Nun lassen Sie uns ein vernünftiges Wort reden! Denn was war das wieder für ein Gespräch mit Filangieri! Der gute Mann! er macht sich viel zu schaffen. Schon oft habe ich ihm gesagt: wenn ihr neue Gesetze macht, so müssen wir uns wieder neue Mühe geben um auszusinnen, wie wir auch die zunächst übertreten können, bei den alten haben wir es schon weg. Sehen Sie nur einmal, wie schön Neapel ist, die Menschen leben seit so vielen Jahren sorglos und vergnügt, und wenn von Zeit zu Zeit einmal einer gehängt wird, so geht alles Übrige seinen herrlichen Gang«.
Sie that mir hierauf den Vorschlag, ich solle nach Sorrent gehen, wo sie ein großes Gut habe, ihr Haushofmeister werde mich mit den besten Fischen und dem köstlichsten Milch=Kalbfleisch *(mungana)* herausfüttern. Die Bergluft und die himmlische Aussicht sollten mich von aller Philosophie curiren, dann wollte sie selbst kommen, und von den sämmtlichen Runzeln, die ich ohnehin zu früh einreißen lasse, solle keine Spur übrig bleiben, wir wollten zusammen ein recht lustiges Leben führen.

Italiänische Reise
Neapel, Montag den 12. März (1787.)
WA I.31,41ff.

Sicilien ist der

Schlüssel zu allem

Italien ohne Sicilien macht gar kein Bild in der Seele: hier ist erst der Schlüssel zu allem. ...

Vom Essen und Trinken hier zu Land hab' ich noch nichts gesagt, und doch ist es kein kleiner Artikel. Die Gartenfrüchte sind herrlich, besonders der Salat von Zartheit und Geschmack wie eine Milch; man begreift, warum ihn die Alten Lactuca genannt haben. Das Öl, der Wein alles sehr gut, und sie könnten noch besser sein, wenn man auf ihre Bereitung mehr Sorgfalt verwendete. Fische die besten, zartesten. Auch haben wir diese Zeit her sehr gut Rindfleisch gehabt, ob man es gleich sonst nicht loben will.

Nun vom Mittagsessen an's Fenster! auf die Straße! Es ward ein Missethäter begnadigt, welches immer zu Ehren der heilbringenden Osterwoche geschieht. Eine Brüderschaft führt ihn bis unter einen zum Schein aufgebauten Galgen, dort muß er vor der Leiter eine Andacht verrichten, die Leiter küssen und wird dann wieder weggeführt. Es war ein hübscher Mensch vom Mittelstande, frisirt, einen weißen Frack, weißen Hut, alles weiß. Er trug den Hut in der Hand, und man hätte ihm hie und da nur bunte Bänder anheften dürfen, so konnte er als Schäfer auf jede Redoute gehen.

Italiänische Reise
Palermo, den 13. April 1787.
WA I.31,124 ff.

Gebratenes Filet von der Rotbarbe mit gerösteten Artischocken und Petersiliensauce

Für 4 Portionen:

8 Rotbarben (à ca. 200 g)
Salz und Pfeffer aus der Mühle
6 Poveraden (kleine Artischocken)
1 EL Zitronensaft
100 ml Fischfond
1 kleiner Bund Petersilie
20 g kalte Butter
100 ml Olivenöl
3 EL Weißwein

... Fische, die

Die Rotbarben (alternativ können für dieses Gericht auch andere Meeresfische wie beispielsweise Seewolf genommen werden) entschuppen, filetieren und entgräten. Die Poveraden putzen und in Zitronenwasser kühlstellen.

Danach die Rotbarben in einer Pfanne mit der Hautseite nach unten in heißem Olivenöl ca. 2-3 Minuten anbraten, wenden, herausnehmen und warm halten. Den Pfannensatz mit dem Weißwein löschen und mit dem Fischfond auffüllen. Danach die kalte Butter mit einem Schneebesen einrühren, mit Salz und Pfeffer würzen und die Sauce etwas binden lassen.

Die Poveraden längs des Stieles in Scheiben schneiden, und zwar so, daß sie nicht zerfallen. Die Scheiben dann in einer Grillpfanne von

besten, zartesten

jeder Seite in Olivenöl knusprig anbraten. Mit Salz und Pfeffer würzen.

Auf den angewärmten Tellern die Filets portionsweise anrichten und mit den Poveraden ausgarnieren. Die Fischsauce nochmals kurz erhitzen und die feingehackte Petersilie einstreuen. Die Sauce um den Fisch herum verteilen.

Ein fast antikes Nudel - Erlebnis

Da es hier keine Gasthöfe gibt, so hatte uns eine freundliche Familie Platz gemacht und einen erhöhten Alkoven an einem großen Zimmer eingeräumt. Ein grüner Vorhang trennte uns und unser Gepäck von den Hausgliedern, welche in dem großen Zimmer Nudeln fabricirten und zwar von der feinsten, weißesten und kleinsten Sorte, davon diejenigen am theuersten bezahlt werden, die, nachdem sie erst in die Gestalt von gliedslangen Stiften gebracht sind, noch von spitzen Mädchenfingern einmal in sich selbst gedreht, eine schneckenhafte Gestalt annehmen.

Wir setzten uns zu den hübschen Kindern, ließen uns die Behandlung erklären und vernahmen, daß sie aus dem besten und schwersten Weizen, *Grano forte* genannt, fabricirt würden. Dabei kommt vielmehr Handarbeit als Maschinen= und Formwesen vor. Und so hatten sie uns denn auch das trefflichste Nudelgericht bereitet, bedauerten jedoch, daß grade von der allervollkommensten Sorte, die außer Girgent, ja außer ihrem Hause nicht gefertigt werden könnte, nicht einmal ein Gericht vorräthig sei. An Weiße und Zartheit schienen diese ihres Gleichen nicht zu haben.

Italiänische Reise
Girgenti, Dienstag den 24. April 1787.
WA I.31,160

Gefüllte Rigatoni mit Ricotta und Thymian auf Tomatenfondue

Für 4 Portionen:

300 g Rigatoni
400 g Ricotta
5-6 Thymianzweige
100 g frischgeriebener Parmesan
Salz und Pfeffer aus der Mühle
1 Ei
20 kleine Strauchtomaten
1 mittelgroße Zwiebel
5 Basilikumblätter und Spitzen zum Garnieren
100 g Olivenöl
50 g Butter
100 ml Kochsahne

... das trefflichste

Den Ricotta, die gehackten Thymianblätter und das Ei verrühren, mit etwas Parmesan, Salz und Pfeffer abschmecken.

Die Rigatoni in einem großen Topf im sprudelnden Wasser, mit etwas Salz und Öl, ca. 5 Minuten halbgar kochen, auf einem Sieb abtropfen lassen und mit einem Spritzbeutel die Ricottafarce einfüllen.

Die gefüllten Nudeln auf ein mit der Butter ausgestrichenes Backblech legen. Die Kochsahne mit dem restlichen Parmesan verrühren und über die Rigatoni gießen.

Für das Tomatenfondue die Zwiebel schälen, in feine Streifen schneiden und in Olivenöl anschwitzen. Tomaten waschen, würfeln und dazugeben.

Nudelgericht

Alles auf kleiner Flamme etwa 10 Minuten zugedeckt schmoren lassen. Dann die Basilikumblätter hineingeben und nochmals 5 Minuten schmoren. Alles mit dem Mixer pürieren, durch ein Sieb abpassieren und mit Salz und Pfeffer würzen.

Kurz vor Fertigstellung des Tomatenfondues läßt man die Rigatoni bei ca. 220° C Oberhitze gratinieren. Auf großen Tellern das Tomatenfondue in der Mitte verteilen und die Rigatoni dann portionsweise darauf anrichten.

Pomeranzen

Der Besuch

…

Deine holden Augen sind geschlossen,
Die mich offen schon allein bezaubern;
Es bewegen deine süßen Lippen
Weder sich zur Rede noch zum Kusse;
Aufgelös't sind diese Zauberbande
Deiner Arme, die mich sonst umschlingen,
Und die Hand, die reizende Gefährtin
Süßer Schmeicheleien, unbeweglich.
Wär's ein Irrthum, wie ich von dir denke,
Wär' es Selbstbetrug, wie ich dich liebe,
Müßt' ich's jetzt entdecken, da sich Amor
Ohne Binde neben mich gestellet.

Lange saß ich so und freute herzlich
Ihres Werthes mich und meiner Liebe;
Schlafend hatte sie mir so gefallen,
Daß ich mich nicht traute, sie zu wecken.

Leise leg' ich ihr zwei Pomeranzen
Und zwei Rosen auf das Tischchen nieder;
Sachte, sachte schlich ich meiner Wege.

Öffnet sie die Augen, meine Gute,
Gleich erblickt sie diese bunte Gabe,
Staunt, wie immer bei verschloss'nen Thüren
Dieses freundliche Geschenk sich finde.

Seh' ich diese Nacht den Engel wieder,
O wie freut sie sich, vergilt mir doppelt
Dieses Opfer meiner zarten Liebe.

Vermischte Gedichte
WA I.2, 101ff.

für Christiane

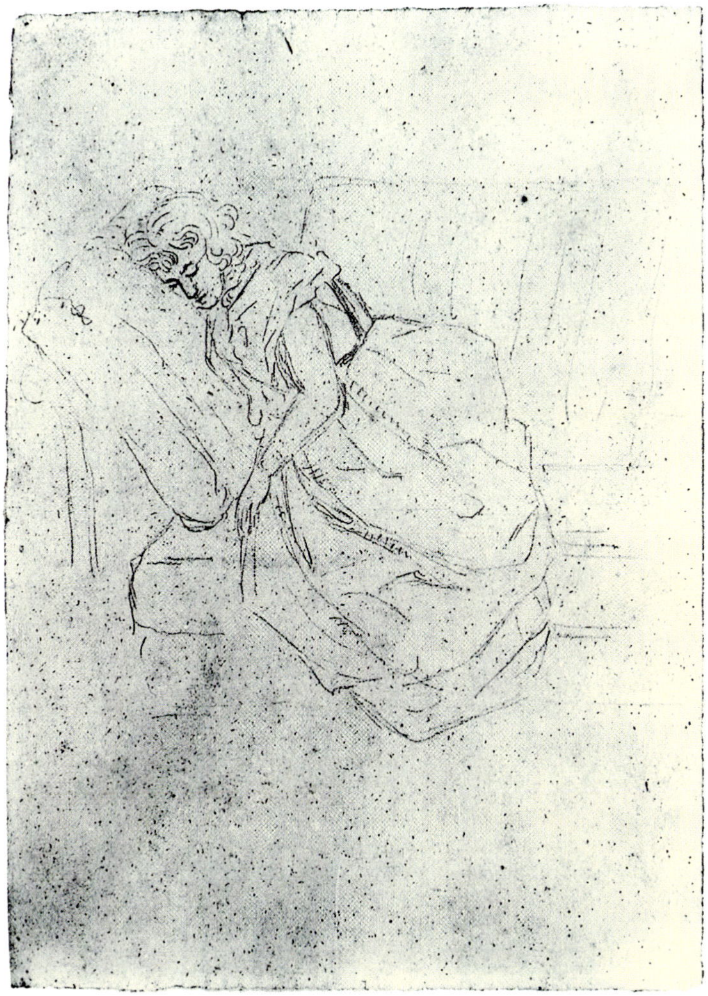

Zuckerwerk und

Im Lager bey Verdün.
d. 10. Sept. 1792.

Ich habe dir schon viele Briefchen geschrieben und weiß nicht wenn sie nach und nach bey dir ankommen werden. Ich habe versäumt die Blätter zu numeriren und fange jetzt damit an. Du erfährst wieder daß ich mich wohl befinde, du weißt daß ich dich herzlich lieb habe. Wärst du nur jetzt bey mir! Es sind überall große breite Betten und du solltest dich nicht beklagen wie es manchmal zu Hauße geschieht. Ach! mein Liebchen! Es ist nichts besser als beysammen zu seyn. Wir wollen es uns immer sagen wenn wir uns wieder haben. Dencke nur! Wir sind so nah an Champagne und finden kein gut Glas Wein. Auf dem Frauenplan solls besser werden, wenn nur erst mein Liebchen Küche und Keller besorgt.

Sey ja ein guter Hausschatz und bereite mir eine hübsche Wohnung. Sorge für das Bübchen und behalte mich lieb.

Liqueur für den Hausschatz

Behalte mich ja lieb! denn ich bin manchmal in Gedancken eifersüchtig und stelle mir vor: daß dir ein andrer besser gefallen könnte, weil ich viele Männer hübscher und angenehmer finde als mich selbst. Das mußt du aber nicht sehen, sondern du mußt mich für den besten halten weil ich dich ganz entsetzlich lieb habe und mir ausser dir nichts gefällt. Ich träume oft von dir, allerley konfuses Zeug, doch immer daß wir uns lieb haben. Und dabey mag es bleiben.

Bey meiner Mutter hab ich zwey Unterbetten und Küssen von Federn bestellt und noch allerley gute Sachen. Mache nur daß unser Häußchen recht ordentlich wird, für das andre soll schon gesorgt werden. ... Heute ist ein Körbchen mit Liqueur abgegangen und ein Päcktchen mit Zuckerwerck. Es soll immer was in die Haußhaltung kommen. Behalte mich nur lieb und sey ein treues Kind, das andre giebt sich.

Solang ich dein Herz nicht hatte was half mir das übrige, jetzt da ichs habe möcht ichs gern behalten. Dafür bin ich auch dein. Küsse das Kind, Grüße Meyern und liebe mich.

An Christiane Vulpius
WA IV.10,17f.

Frankreich frugal in

Den 3. September.

Mittags am Wirthstische wurden wir mit guten Schöpsenkeulen und Wein von Bar tractirt, den man, weil er nicht verfahren werden kann, im Lande selbst aufsuchen und genießen muß. Nun ist aber an solchen Tischen Sitte, daß man wohl Löffel, jedoch weder Messer noch Gabel erhält, die man daher mitbringen muß. Von dieser Landesart unterrichtet, hatten wir schon solche Bestecke angeschafft, die man dort flach und zierlich gearbeitet zu kaufen findet. Muntere resolute Mädchen warteten auf, nach derselben Art und Weise, wie sie vor einigen Tagen ihrer Garnison noch aufgewartet hatten.

Campagne in Frankreich 1792
WA I.33,39

der Zeit der Campagne

Zum 24. September.

Als Leidensgenossen bedauerte ich auch in dieser Zeit zwei hübsche Knaben von vierzehn bis funfzehn Jahren. Sie hatten, als Requirirte, mit vier schwachen Pferden meine leichte Chaise bis hierher kaum durchgeschleppt, und litten still, mehr für ihre Thiere als für sich, doch war ihnen so wenig als uns allen zu helfen. Da sie um meinetwillen jedes Unheil ausstanden, fühlte ich mich zu irgend einer Pietät gedrungen und wollte jenes erhandelte Commißbrot redlich mit ihnen theilen; allein sie lehnten es ab und versicherten, dergleichen könnten sie nicht essen, und als ich fragte, was sie denn gewöhnlich genössen? versetzten sie: *du bon pain, de la bonne soupe, de la bonne viande, de la bonne bière.* Da nun bei ihnen alles gut und bei uns alles schlimm war, verzieh ich ihnen gern daß sie mit Zurücklassung ihrer Pferde sich bald darauf davon machten. Sie hatten übrigens manches Unheil ausgestanden, ich glaube aber daß eigentlich das dargebotene Commißbrot sie zu dem letzten entscheidenden Schritt, als ein furchtbares Gespenst, bewogen habe. Weiß und schwarz Brot ist eigentlich das Schibolet, das Feldgeschrei zwischen Deutschen und Franzosen.

Campagne in Frankreich 1792
WA I.33,82 f.

Lammkoteletts mit Pfifferlingen gefüllt

Für 4 Portionen:

8 große Lammkoteletts
125 g Poulardenbrust
125 g Crème fraîche
1 Ei
200 g Nußbutter
200 g frische, kleine Pfifferlinge
Salz und Pfeffer
200 ml Lammjus
1 Schweinenetz
1 kleiner Bund Petersilie
1 Rosmarinzweig
1 Scheibe Toastbrot

... wurden wir mit guten

Die Poulardenbrust grob zerkleinern und im Mixer mit dem Ei pürieren. Nach und nach die Crème fraîche und die Nußbutter (Butter schmelzen lassen, durch ein Tuch passieren, nochmals erhitzen, bis sie eine goldgelbe, nußähnliche Farbe angenommen hat) hinzufügen und so lange mixen, bis eine homogene Masse entsteht.

Toastbrot würfeln und in einer Pfanne zu Croutons rösten. Die Pfifferlinge putzen und waschen. Etwa 3/4 davon kleinschneiden, mit etwas Butter in der Pfanne anschwitzen und nach dem Erkalten zusammen mit den Croutons unter die Poulardenfarce rühren. Alles mit Salz, Pfeffer und gehackter Petersilie abschmecken.

Schöpsenkeulen tractirt

Jedes Lammkotelett mit 1 EL Farce bestreichen und mit dem Schweinenetz umwickeln. Dann alle Lammkoteletts in der Pfanne kurz von beiden Seiten scharf anbraten, auf ein Backblech geben und ca. 6-7 Minuten bei 220° C im Ofen weiterbraten. Nach weiteren 2 Minuten unter dem Grill läßt man sie 5 Minuten ruhen.

In der Zwischenzeit werden die restlichen Pfifferlinge in der Pfanne angeschwitzt, mit Rosmarin, Salz und Pfeffer gewürzt. Zum Abschluß wird mit dem Lammjus aufgefüllt und die Sauce mit kalter Butter gebunden.

Dazu passen vorzüglich blanchierte Broccoliröschen und Kartoffelpüree.

Den 4. October.

Da es beschlossen war den fünften in der Gegend zu rasten, so wurden wir in Sivry einquartirt und fanden, nach so viel Unbilden, die Häuslichkeit gar erfreulich, und konnten den französisch ländlichen, idyllisch Homerischen Zustand zu unserer Unterhaltung und Zerstreuung abermals genauer bemerken. Man trat nicht unmittelbar von der Straße in das Haus, sondern fand sich erst in einem kleinen, offenen, viereckten Raum, wie die Thüre selbst das Quadrat angab; von da gelangte man, durch die eigentliche Hausthüre, in ein geräumiges, hohes, dem Familienleben bestimmtes Zimmer; es war mit Ziegelsteinen gepflastert, links, an der langen Wand, ein Feuerherd, unmittelbar an Mauer und Erde; die Esse die den Rauch abzog schwebte darüber. Nach Begrüßung der Wirthsleute zog man sich gern dahin, wo man eine entschieden bleibende Rangordnung für die Umsitzenden gewahrte. Rechts am Feuer stand ein hohes Klappkästchen, das auch zum Stuhl diente; es enthielt das Salz, welches, in Vorrath angeschafft, an einem trocknen Platze verwahrt werden mußte. Hier war der Ehrensitz, der sogleich dem vornehmsten Fremden angewiesen wurde; auf mehrere hölzerne Stühle setzten sich die übrigen Ankömmlinge mit den Hausgenossen. Die landsittliche Kochvorrichtung, *pot au feu,* konnt' ich hier zum erstenmal genau betrachten. Ein großer eiserner Kessel hing an einem Haken, den man durch Verzahnungen erhöhen und erniedrigen konnte, über dem Feuer; darin befand sich schon ein gutes Stück Rindfleisch mit Wasser und Salz, zugleich aber auch mit weißen und gelben Rüben, Porrée, Kraut, und andern vegetabilischen Ingredienzien.

Indessen wir uns freundlich mit den guten Menschen besprachen, bemerkt' ich erst, wie architektonisch klug Anrichte, Gossenstein, Topf= und Tellerbreter angebracht seien. Diese nahmen sämmtlich den länglichen Raum ein, den jenes Viereck des offenen Vorhauses inwendig zur Seite ließ. Nett und alles der Ordnung gemäß war das Geräthe zusammengestellt; eine Magd, oder Schwester des Hauses, besorgte alles auf's zierlichste. Die Hausfrau saß am Feuer, ein Knabe stand an ihren Knien, zwei Töchterchen drängten sich an sie heran. Der Tisch war gedeckt, ein großer irdener Napf aufgestellt, schönes weißes Brot in Scheibchen hineingeschnitten, die heiße Brühe drüber gegossen und guter Appetit empfohlen. Hier hätten jene Knaben, die mein Commißbrot verschmähten, mich auf das Muster von *bon pain* und *bonne soupe* verweisen können. Hierauf folgte das zu gleicher Zeit gargewordene Zugemüse, so wie das Fleisch, und jedermann hätte sich an dieser einfachen Kochkunst begnügen können.

Campagne in Frankreich 1792
WA I.33,108f.

Was Goethe sicher niemals aß

Katzenpastete

Es war einmal ein braver Koch,
Geschickt im Appretiren;
Dem fiel es ein, er wollte doch
Als Jäger sich geriren.

Er zog bewehrt zu grünem Wald,
Wo manches Wildpret haus'te,
Und einen Kater schoß er bald,
Der junge Vögel schmaus'te.

Sah ihn für einen Hasen an
Und ließ sich nicht bedeuten,
Pastetete viel Würze dran
Und setzt' ihn vor den Leuten.

Doch manche Gäste das verdroß,
Gewisse feine Nasen:
Die Katze, die der Jäger schoß,
Macht nie der Koch zum Hasen.

WA I.2,200

Ein gar unliebsamer Tischgenosse

Recensent

Da hatt' ich einen Kerl zu Gast,
Er war mir eben nicht zur Last;
Ich hatt' just mein gewöhnlich Essen,
Hat sich der Kerl pumpsatt gefressen,
Zum Nachtisch, was ich gespeichert hatt'.
Und kaum ist mir der Kerl so satt,
Thut ihn der Teufel zum Nachbar führen
Über mein Essen zu räsonniren:
»Die Supp' hätt' können gewürzter sein,
Der Braten brauner, firner der Wein.«
Der Tausendsakerment!
Schlagt ihn todt den Hund! Es ist ein Recensent.

WA I.2,204

Zweierlei Speisen

Goethe aß zuweilen bei der Herzogin Amalia zu Tiefurt zu Mittag. Er beschwerte sich, daß der Mundkoch Goullon so oft Sauerkraut vorsetze.
Eines Tages, da man ihm wieder Sauerkraut aufgetischt hatte, stand er voll Verdruß auf und ging in ein Nebenzimmer, wo er ein Buch

aufgeschlagen und auf dem Tisch liegen fand. Es war ein Jean Paulscher Roman. Goethe las etwas davon, dann sprang er auf und sagte: Nein, das ist zu arg! Erst Sauerkraut und dann fünfzehn Seiten Jean Paul! das halte aus, wer will!

Tiefurt, um 1799
Nach Johannes Daniel Falk

Zu Gast in Jena

In Jena weiß man viele Sachen,
Nur nicht aus Essig Wein zu machen.

Nach August v. Goethe, d. 26. Aug. 1811
WA I.53,23

Schillers versorgen

Jena am 25. May 1798.

Mit meiner leiblichen Nahrung geht es nun auch schon besser, die Trabitius bereitet die Spargel sehr gut, so wie auch gelegentlich einen Eierkuchen, Schillers versorgen mich mit Braten und dein Öl macht mir den Salat wieder schmackhaft, wodurch ich nun für den Mittag völlig geborgen bin. Abends bin ich bey Schiller im Garten, wo wir bisher viel interessantes zusammen gelesen und gesprochen haben, nur wird mir Abends der Rückweg ein wenig sauer, denn ich habe eine völlige Viertelstunde zu gehen.

Dafür schlafe ich auch recht wohl, indem ich mir überdies noch des Tags viel Bewegung mache und ohnerachtet des üblen Wetters jederzeit ein paar Stunden im freyen bin. …

Nun lebe wohl. Für den Kleinen lege ich ein Briefchen bey. Die Seife soll nächstens ankommen, übrigens muß noch viel gethan werden ehe ich dich wiedersehe. Lebe indessen recht wohl und versorge unsern Meister aufs beste.

Dazu sende ich dir eine Rehkeule und wünsche daß ihr sie zusammen recht vergnüglich verzehren möget.

G.

An Christiane Vulpius
WA IV.13,156

mich mit Braten

Einladung zum Schlampampen

Jena am 12. Mai 1799.

Da die famose Brunnenfege erst Montag den 20ten seyn wird, so geht es recht gut an daß du mich besuchest, denn ich habe diese Woche Zeit das Nöthige zu vollenden.

Du kommst also Sonnabend d. 18. Abends gegen sechs Uhr hier an. Geist soll dir entgegen gehen, daß du gleich am Garten anfahren kannst, wo es dir gewiß recht wohl gefallen wird.

Bringe aber einiges mit, als:

Sechs Flaschen rothen Wein,
Ein Paar Fläschchen Bischoffessenz,
Etwa Salvelatwurst und
Für den ersten Abend etwas kaltes zu Essen.
Auch einige Stückchen Wachslicht.

Sonst sollst du alles artig eingerichtet finden, und wir können uns einige Tage gar wohl zusammen vergnügen und ausschwätzen.

Bringe auch noch etwas gutes Öl mit und wenn du sonst noch etwas zu so einer ländlichen Wirthschaft nöthig glaubst, denn es soll mir ganz lieb seyn wenn du einige Zeit da bleiben willst da ich im Schloß ganz ungestört arbeiten kann.

An Christiane Vulpius
WA IV.14,90 f.

Caviar gegen Champagner

Jena am 19. Jan. 1802.

Es ist recht gut daß ich Pferde und Schlitten drüben gelassen, hier ist völliges Thauwetter, bey euch wirds nicht anders seyn.

Mein Mittagstisch ist wie immer nur zur Noth genießbar, gestern habe ich mir, durch ein Gericht Meerrettig, den ganzen Nachmittag verdorben. Götze hat mir fürtreffliche Knackwürste ausgemacht, sie mögen nur ein klein bischen zu stark gesalzen seyn. Deine bleiben noch immer die besten. Sorge ja bey der neuen Schlacht dafür daß sie gut werden, weil ich zum Frühstücke nun daran gewöhnt bin.

Die Abendessen sind desto besser, indem, in kleiner Gesellschaft, allerley Gutes aufgetischt wird; allein ich muß mich Abends in Acht nehmen und esse also nicht wo ich zu essen finde, und wo ich essen möchte habe ich nichts.

Schicke mir ja das Schweinewildpret, damit ich Lodern eine Artigkeit erzeigen kann, und frage beym Hofkammerrath an: ob er dir etwas Caviar ablassen möchte? Wenn du mich damit versorgst, so bringe ich dir auch einige Flaschen Champagner mit.

An Christiane Vulpius
WA IV.16,10

Haushaltungsbericht des Strohwitwers

Weimar den 30. März 1807.

Zuerst also muß zum Lobe der Köchin gesagt werden, daß sie ihre Sachen vortrefflich macht, gute Waare ankauft und sie mit Sorgfalt zubereitet, sodaß wir es uns jeden Mittag können wohlschmecken lassen. Am grünen Donnerstag hatten wir uns Kohlsprossen bestellt und Honig zum Nachtisch, um dieses Fest recht würdig zu feyern. August hatte selbst Eyer roth und hart gesotten. Da die Fastenbrezeln alle sind, so bäckt die Köchin allerley Torten und Kuchen, die ihr nicht übel gerathen. Ein Truthahn ist abgeschlachtet und andre gute Dinge sind im Vorrath.

Mit dem Keller geht es sehr ordentlich. Der Gnome pflegt mich genau zu betrachten, ob ich etwa mich um ein Nößel irren möchte; und so wirst du die Tabellen mit dem Vorrath übereinstimmend finden.

An Christiane v. Goethe (in Frankfurt a. Main)
WA IV.19,292

Hilferuf nach dem geliebten Würzburger

Jena d. 17. Jun. 1806.

Statt des versprochnen Aales sende dir Dritthalbpfund frischen Lachs und sehe es als ein gutes Zeichen an daß ich dich zum Abschiede so gut tracktiren kann.

Dagegen sende mir noch einige Würzburger; denn kein andrer Wein will mir schmecken und ich bin verdrüßlich wenn mir mein gewohnter Lieblingstranck abgeht.

An Christiane Vulpius
WA IV.19,133 f.

Dornburg den 10. Juli 1828.

Da in dem übrigens ganz anmuthigen Schlößchen kein wohlversorgter Keller vorhanden ist, ich auch keinen in der Nähe weiß als den deinigen, so ersuche ich dich, mich während meines hiesigen Aufenthalts mit Wein zu versorgen und mir vorerst durch Überbringer sechs Flaschen zu übersenden, auch von Zeit zu Zeit damit fortzufahren. Ich wünsche einen leichten reinen Würzburger und werde solchen nach abgeschlossener Wallfahrt auf irgend eine Weise dankbar ersetzen. Willst du eine Flasche echten Steinwein hinzufügen, so soll auch der willkommen seyn.

Machst du einmal einen Ritt herüber und wirst dich mit einem Glase Wein und einer Semmel begnügen, so bist du willkommen. Schmalhans ist Küchenmeister und von ihm nichts zu erwarten, deshalb denn auch eine echte jenaische Cervelatwurst, wenn du solche dem Überbringer mitgäbest, sehr angenehm seyn würde.

An Johann Georg Paul Götze
WA IV.44, 182 f.

Das Schenkenbuch

Trunken müssen wir alle sein!
Jugend ist Trunkenheit ohne Wein;
Trinkt sich das Alter wieder zu Jugend,
So ist es wundervolle Tugend.
Für Sorgen sorgt das liebe Leben
Und Sorgenbrecher sind die Reben.

Da wird nicht mehr nachgefragt!
Wein ist ernstlich untersagt.
Soll denn doch getrunken sein,
Trinke nur vom besten Wein:
Doppelt wärest du ein Ketzer
In Verdammniß um den Krätzer.

So lang man nüchtern ist,
Gefällt das Schlechte;
Wie man getrunken hat,
Weiß man das Rechte;
Nur ist das Übermaß
Auch gleich zu Handen;
Hafis, o lehre mich
Wie du's verstanden!

Denn meine Meinung ist
Nicht übertrieben:
Wenn man nicht trinken kann
Soll man nicht lieben;
Doch sollt ihr Trinker euch
Nicht besser dünken,
Wenn man nicht lieben kann
Soll man nicht trinken.

West=östlicher Divan
WA I.6,204 f.

Zungen und Zuspruch aus Carlsbad

Carlsbad d. 2. Juli 1808.

Da ich überzeugt war daß es dich freuen würde einen Brief von mir in Lauchstedt zu finden; so eilte ich dorthin zu schreiben und dancke dir nun für die baldige Nachricht deiner Ankunft.

...

Ich habe bisher in kleiner aber guter Gesellschaft gelebt. Die Zigesarische Familie ist abgegangen. Wir haben viel gute Stunden gehabt. Fräulein Silvie ist gar lieb und gut, wie sie immer war, wir haben viel zusammen spaziert, und sind immer bey unsern Parthieen gut davon gekommen, ob es gleich alle Tage regnete.

...

Daß sie in Weimar gegen Frau v. Stael übels von dir gesprochen mußt du dich nicht anfechten lassen. Das ist in der Welt nun einmal nicht anders, keiner gönnt dem andern seine Vorzüge, von welcher Art sie auch seyen, und da er sie ihm nicht nehmen kann; so verkleinert er, oder läugnet sie, oder sagt gar das Gegentheil. Genieße also was dir das Glück gegönnt hat und was du dir erworben hast und suche dir's zu erhalten. Wir wollen in unsrer Liebe verharren und uns immer knapper und besser einrichten, damit wir nach unserer Sinnesweise leben können ohne uns um andre zu bekümmern.

...

Mit einer Gelegenheit habe ich ein Packet in Wachstuch an dich bis Leipzig spedirt das du nun wohl erhalten hast. Es enthielt keine Kostbarkeiten; aber ein Paar geräucherte Zungen, von der besten Sorte. ... Nun lebe recht wohl, gedencke mein und schreibe bald.

G.

An Christiane v. Goethe
WA IV.20,101ff.

Geistige Liebesgaben für Silvie

Carlsb. d. 22. Jul. 1808
früh sechse.

Wie ich herüber gekommen weiß ich selbst nicht. Die Nacht war herrlich, der Weg so gut er seyn kann, die Pferde rüstig, der Kutscher brav. Ich war in Gedancken bey Ihnen geblieben und merckte nicht daß es fortging; endlich schlief ich abwechselnd und das liebe längliche Gesichtchen war mit aller seiner Freundlichkeit und Anmuth gegenwärtig, von dem rundlichen war gar nichts zu spüren. Nun besorg ich in Eile einiges für Sie. Die Federn schneidet Riemer und ein armseliges Büschelchen lege ich bey gegen die schöne, reiche, geringelte Gabe. Sie sollen mir's aber gewiß nicht in allem so zuvorthun.

Was ich von leiblicher Speise senden wollte wird mir verkümmert. Die Zunge ist vermufft, Krebse, die schön da sind, räth man mir ab zu schicken, weil sie in der Hitze abstehn würden. Daher muß ich an Geistiges dencken das, wie Sie wissen besonders in die Ferne wirckt. Hierbey folgt also: Ein Sonet von Riemer der sich angelegentlichst empfielt, ein Fläschchen Cöllner Wasser einen Flakon der Schatulle damit zu füllen, ein Schächtelchen Franz Meyrischer Pfeffermünze, *item* eine Prise Thee, ferner andre getrocknete Pflanzen, doch nicht zum Aufguß bestimmt.

Der Kutscher will abgefertigt seyn, sonst könnte ich noch lange fortfahren. Empfehlen Sie mich aufs allerschönste Ihren verehrten Eltern und Ihrer ganzen Umgebung. Durch Frau v. Bock bitte um einige Worte, besonders um Ein schon gebetenes. Tausendmal Adieu! Liebe, liebe Silvie.

G.

An Silvie v. Ziegesar
WA IV. 20, 118 f.

Süße Sachen für

CarlsBad d. 8. Jul. 1808.

Der Gedancke Sie, liebste Silvie, erst Montag zu besuchen scheint mir noch immer der rechte. Gegenwärtiges begleitet die verlangten Waaren.

4 ℔ Zucker
2 ℔ Chocolade
1 Schachtel Oblaten.

Mitterbachers Auslage ist mir noch nicht bekannt. Tausend Lebewohl und Freuden zur Zusammenkunft. Behalten Sie nur auch etwas Freundlichkeit für mich zurück daß ich nach all dem Lieben nicht ganz leer ausgehe. Adieu! Meine Beste!

An Silvie v. Ziegesar
WA IV.20,111 f.

die kleine Freundin

Einiges Sonettische

Reisezehrung

Entwöhnen sollt' ich mich vom Glanz der Blicke,
Mein Leben sollten sie nicht mehr verschönen.
Was man Geschick nennt, läßt sich nicht versöhnen,
Ich weiß es wohl und trat bestürzt zurücke.

Nun wußt' ich auch von keinem weitern Glücke;
Gleich fing ich an von diesen und von jenen
Nothwend'gen Dingen sonst mich zu entwöhnen:
Nothwendig schien mir nichts als ihre Blicke.

Des Weines Gluth, den Vielgenuß der Speisen,
Bequemlichkeit und Schlaf und sonst'ge Gaben,
Gesellschaft wies ich weg, daß wenig bliebe.

So kann ich ruhig durch die Welt nun reisen:
Was ich bedarf ist überall zu haben,
Und Unentbehrlichs bring' ich mit – die Liebe.

Sonette
WA I.2,8

an Minchen Herzlieb

Christgeschenk

Mein süßes Liebchen! Hier in Schachtelwänden
Gar mannichfalt geformte Süßigkeiten.
Die Früchte sind es heil'ger Weihnachtszeiten,
Gebackne nur, den Kindern auszuspenden!

Dir möcht' ich dann mit süßem Redewenden
Poetisch Zuckerbrot zum Fest bereiten;
Allein was soll's mit solchen Eitelkeiten?
Weg den Versuch, mit Schmeichelei zu blenden!

Doch gibt es noch ein Süßes, das vom Innern
Zum Innern spricht, genießbar in der Ferne,
Das kann nur bis zu dir hinüber wehen.

Und fühlst du dann ein freundliches Erinnern,
Als blinkten froh dir wohlbekannte Sterne,
Wirst du die kleinste Gabe nicht verschmähen.

Sonette
WA I.2,14

Ratschläge eines erfahrenen Gourmets

Du mußt dich niemals mit Schwur vermessen:
Von dieser Speise will ich nicht essen.

Das wär' dir ein schönes Gartengelände,
Wo man den Weinstock mit Würsten bände.

Freigebig ist der mit seinen Schritten,
Der kommt von der Katze Speck zu erbitten.

Gesotten oder gebraten!
Er ist an's Feuer gerathen.

Sprichwörtlich
WA I.2,228

Der wohlversorgte

Wiesbaden (den 3. Juni 1815.)

Nun bin ich so ziemlich eingerichtet, ich wohne allerliebst, aber theuer, esse gut und wohlfeil, Wein habe ich von Frankfurt verschrieben und werde mich also in diesen Hauptpuncten bald wohl versorgt finden.

…

Es ist das heiterste Wetter, freylich zum Schaden des Land= und Gartenbaues, sie haben in zehn Wochen keinen anhaltenden Regen gehabt. Indessen genießt man schon hier Schotenerbsen, auch ausgelieferte; was aber besonders erfreulich ist wird doch immer der *Salmen* bleiben, dessen Portion mit trefflicher Gelée man, zu jeder Stunde, für 30 Kreuzer im Cursaal haben kann. Es ist jetzt grade seine rechte Zeit, ich muß mich nur in Acht nehmen daß ich mich nicht daran überesse. Herzkirschen stehen schon, in großen Körben, an allen Ecken. …

Die Fortsetzung nächstens.

An Christiane v. Goethe
WA IV.26,4f.

Kurgast

Wiesb. d. 17. Jun. 1815.

Mein Speisewirth nährt mich zwar nicht köstlich, dabey ist aber angenehm daß sie einem zubereiten was man ihnen schickt. Brentanos haben mich von Frankfurt mit Artischocken versehen, heute sind große Krebse gekauft worden, von welchen das Stück etwas über 3 Kreuzer kostet. An Confect und getrockneten Früchten zum Nachtisch, nicht weniger an Chocolade lassen es die Freunde auch nicht fehlen. Rothen und weißen Wein ließen sie mir gleichfalls zurück. Ferner habe ich einen Petit=Burgunder verschrieben, die Bouteille einen leichten Gulden, hier auf der Stelle, ein sehr angenehmer und trinkbarer Wein. Auf einem nahen Lustorte, der Geisberg genannt, findet sich treffliches Pökelfleisch, von welchem mir der freundliche Wirth manchmal ein Stück herein sendet. Denkt Ihr nun noch gutes Brot und Brezeln darzu, so seht Ihr ein daß mir von dieser Seite nichts abgeht.

An Christiane v. Goethe (in Carlsbad)
WA IV.26,17f.

Gebeizte Lachsroulade mit Spargel gefüllt und Magermayonnaise-Sauce

Für 4 Portionen:

1/2 Lachsseite mit Haut (ca. 500 g)
12 Stangen grüner Spargel
250 g Ricotta
1 kl. Bund Kerbel
20 g Butter
Salz und Pfeffer

Beize für Lachs

62 g Salz
57 g Zucker
4 Wacholderbeeren
1 kl. Bund Dill
1 kl. Bund Petersilie
Senfkörner
weiße Pfefferkörner

Magermayonnaise

1 Eigelb / 1 Eiweiß
1 TL Dijonsenf
1 TL Zitronensaft
1 EL Olivenöl
4 EL Pflanzenöl
2 EL (50 g) Ricotta

... besonders erfreulich wird

Bereits am Vortag den Lachs mit der Hautseite nach unten in eine Terrine legen, mit der Beiz-Mischung bedecken und 24 Stunden kühl ziehen lassen.
Für die Magermayonnaise alle angegebenen Zutaten - ohne Ricotta und Eiweiß - mit dem Handmixer aufmontieren bis alles gebunden ist – erst zum Schluß die 2 EL Ricotta einrühren und das steifgeschlagene Eiweiß darunterheben.

Spargel schälen, Spargelköpfe mit 5 cm langen Stielen abschneiden, ca. 4-5 Minuten in Salzwasser kochen und in Eiswasser geben, damit die Farbe erhalten bleibt. Nun die Spargelstiele in kleine Würfel schneiden und mit Butter dünsten (6 Minuten), abkühlen lassen und mit den 250 g Ricotta verrühren, mit Salz und Pfeffer würzen und gehackten Kerbel dazugeben.

doch immer der Salmen bleiben

Den Lachs aus der Beize nehmen, abwaschen und abtrocknen. Längs in hauchdünne Scheiben schneiden und dicht aneinander (eventuell überlappend) auf eine Frischhaltefolie legen. Ricottamasse auf den Lachs geben, zur Roulade formen und ca. 30 Minuten kaltstellen.

Lachsroulade portionieren, in der Mitte des Tellers anrichten, mit den Spargelspitzen und der Magermayonnaise ausgarnieren. Mit verschiedenen Blattsalaten servieren.

Pilgerreise

Nun wurden wir aber sogleich gewahr, daß wir uns dem Lebensgenusse näherten. Gezelte, Buden, Bänke, Schirme aller Art standen hier aufgereiht. Ein willkommener Geruch gebratenen Fettes drang uns entgegen. Beschäftigt fanden wir eine junge thätige Wirthin, umgehend einen glühenden weiten Aschenhaufen, frische Würste – sie war eine Metzgerstochter – zu braten. Durch eigenes Handreichen und vieler flinker Diener unablässige Bemühung wußte sie einer solchen Masse von zuströmenden Gästen genug zu thun. Auch wir, mit fetter dampfender Speise nebst frischem trefflichem Brot reichlich versehen, bemühten uns, Platz an einem geschirmten, langen, schon besetzten Tische zu nehmen. Freundliche Leute rückten zusammen, und wir erfreuten uns angenehmer Nachbarschaft, ja liebenswürdiger Gesellschaft, die von dem Ufer der Nahe zu dem erneuten Fest gekommen war. Muntere Kinder tranken Wein wie die Alten. Braune Krüglein, mit weißem Namenszug des Heiligen rundeten im Familienkreise. Auch wir hatten dergleichen angeschafft und setzten sie wohlgefüllt vor uns nieder. Da ergab sich nun der große Vortheil solcher Volksversammlung, wenn, durch irgend ein höheres Interesse, aus einem großen weitschichtigen Kreise, so viele einzelne Strahlen nach Einem Mittelpunct gezogen werden. …

Niemand schämt sich der Weinlust, sie rühmen sich einigermaßen des Trinkens. Hübsche Frauen gestehen, daß ihre Kinder mit der Mutterbrust zugleich Wein genießen. Wir fragten, ob denn wahr sei, daß es geistlichen Herren, ja Churfürsten geglückt, acht rheinische Maß, das heißt sechzehn unserer Bouteillen, in vierundzwanzig Stunden zu sich zu nehmen?

Ein scheinbar ernsthafter Gast bemerkte: man dürfe sich, zu Beantwortung dieser Frage, nur der Fastenpredigt ihres Weihbischofs erinnern, welcher, nachdem er das schreckliche Laster der Trunkenheit seiner Gemeinde mit den stärksten Farben dargestellt, also geschlossen habe:

»Ihr überzeugt euch also hieraus, andächtige, zu Reu' und Buße schon begnadigte Zuhörer, daß derjenige die größte Sünde begehe, welcher die herrlichen Gaben Gottes solcherweise mißbraucht. Der Mißbrauch aber schließt den Gebrauch nicht aus. Stehet doch geschrieben: der Wein erfreuet des Menschen Herz! Daraus erhellet, daß wir, uns und andere zu erfreuen,

zum Wein

des Weines gar wohl genießen können und sollen. Nun ist aber unter meinen männlichen Zuhörern vielleicht keiner, der nicht zwei Maß Wein zu sich nähme, ohne deßhalb gerade einige Verwirrung seiner Sinne zu spüren; wer jedoch bei dem dritten oder vierten Maß schon so arg in Vergessenheit seiner selbst geräth, daß er Frau und Kinder verkennt, sie mit Schelten, Schlägen und Fußtritten verletzt und seine Geliebtesten als die ärgsten Feinde behandelt, der gehe sogleich in sich und unterlasse ein solches Übermaß, welches ihn mißfällig macht Gott und Menschen, und Seinesgleichen verächtlich.

Wer aber bei dem Genuß von vier Maß, ja von fünfen und sechsen, noch dergestalt sich selbst gleich bleibt, daß er seinem Nebenchristen liebevoll unter die Arme greifen mag, dem Hauswesen vorstehen kann, ja die Befehle geistlicher und weltlicher Obern auszurichten sich im Stande findet, auch der genieße sein bescheiden Theil, und nehme es mit Dank dahin. Er hüte sich aber, ohne besondere Prüfung weiter zu gehen, weil hier gewöhnlich dem schwachen Menschen ein Ziel gesetzt ward. Denn der Fall ist äußerst selten, daß der grundgütige Gott jemanden die besondere Gnade verleiht acht Maß trinken zu dürfen, wie er mich, seinen Knecht, gewürdigt hat. Da mir nun aber nicht nachgesagt werden kann, daß ich in ungerechtem Zorn auf irgend jemand losgefahren sei, daß ich Hausgenossen und Anverwandte mißkannt, oder wohl gar die mir obliegenden geistlichen Pflichten und Geschäfte verabsäumt hätte, vielmehr ihr alle mir das Zeugniß geben werdet, wie ich immer bereit bin, zu Lob und Ehre Gottes, auch zu Nutz und Vortheil meines Nächsten mich thätig finden zu lassen: so darf ich wohl mit gutem Gewissen und mit Dank dieser anvertrauten Gabe mich auch fernerhin erfreuen.

Und ihr, meine andächtigen Zuhörer, nehme ein jeder, damit er nach dem Willen des Gebers am Leibe erquickt, am Geiste erfreut werde, sein bescheiden Theil dahin. Und, auf daß ein solches geschehe, alles Übemaß dagegen verbannt sei, handelt sämmtlich nach der Vorschrift des heiligen Apostels, welcher spricht: Prüfet alles und das Beste behaltet.«

Und so konnte es denn nicht fehlen, daß der Hauptgegenstand alles Gesprächs der Wein blieb, wie er es gewesen. Da erhebt sich denn sogleich ein Streit über den Vorzug der verschiedenen Gewächse, und hier ist erfreulich zu sehen, daß die Magnaten unter sich keinen Rangstreit haben. Hochheimer, Johannisberger, Rüdesheimer lassen einander gelten, nur unter den Göttern minderen Ranges herrscht Eifersucht und Neid. Hier ist denn besonders der sehr beliebte Asmannshäuser rothe vielen Anfechtungen unterworfen. Einen Weinbergsbesitzer von Oberingelheim hört' ich behaupten: der ihrige gebe jenem wenig nach. Der Eilfer solle köstlich gewesen sein, davon sich jedoch kein Beweis führen lasse, weil er schon ausgetrunken sei. Dieß wurde von den Beisitzenden gar sehr gebilligt, weil man rothe Weine gleich in den ersten Jahren genießen müsse.

Nun rühmte dagegen die Gesellschaft von der Nahe einen in ihrer Gegend wachsenden Wein, der Monzinger genannt. Er soll sich leicht und angenehm wegtrinken, aber doch, ehe man sich's versieht, zu Kopfe steigen. Man lud uns darauf ein. Er war zu schön empfohlen, als daß wir nicht gewünscht hätten, in so guter Gesellschaft, und wäre es mit einiger Gefahr, ihn zu kosten und uns an ihm zu prüfen.

Auch unsere braunen Krüglein kamen wiederum gefüllt zurück, und als man die heiteren weißen Namenszüge des Heiligen überall so wohlthätig beschäftigt sah, mußte man sich fast schämen die Geschichte desselben nicht genau zu wissen, ob man gleich sich recht gut erinnerte, daß er, auf alles irdische Gut völlig verzichtend, bei Wartung von Pestkranken auch sein Leben nicht in Anschlag gebracht habe.

Sanct Rochus=Fest zu Bingen
WA I. 34.1,23ff.

Ein kulinarisches Räthsel vom St. Rochus-Fest

Morgens rund,
Mittag gestampft,
Abends in Scheiben;
Dabei soll's bleiben,
Es ist gesund.

WA I.34.I,35

Kartoffelschaumsuppe mit Steinpilzen und Zucchinistroh

Für 4 Portionen:

6 mittelgroße Kartoffeln
1 mittelgroße Zwiebel
1/2 l Gemüsefond
1/4 l Kochsahne
4 Steinpilze
1 Zucchini
5 ml Olivenöl
50 g Butter
Salz und Pfeffer aus der Mühle
Öl zum Fritieren

Morgens rund, Mittag

Die Kartoffeln und Zwiebeln schälen und beides in dünne Scheiben schneiden. Die Kappen der Steinpilze mit einem nassen Tuch abreiben und die Stiele putzen. Die Zucchini in feine Scheiben schneiden und daraus wiederum kleine Stifte (Julienne). Die Zucchinistifte salzen und auf einem Tuch ausbreiten, das die austretende Flüssigkeit aufsaugt.

Die Zwiebelscheiben langsam mit Olivenöl und 25 g Butter in einem größeren Topf dünsten. Die Kartoffelscheiben und die Steinpilzstiele dazugeben, mit Salz und Pfeffer würzen und 10 Minuten bei zugedecktem Topf weiterdünsten lassen.
Dann mit dem Gemüsefond auffüllen, umrühren und weitere 10 Minuten kochen lassen.

gestampft, Abends in Scheiben

Danach die Sahne dazugeben, nochmals 10 Minuten köcheln lassen und gelegentlich umrühren.
Suppe abschmecken und mit Salz und Pfeffer nachwürzen. Alles mit dem Mixer pürieren, durch ein grobes Sieb abpassieren und warmhalten.
Nun die Steinpilzköpfe in 0,5 cm dicke Scheiben schneiden, mit der restlichen Butter in einer Pfanne beidseitig anbraten, beiseite stellen.

Die Zucchinistreifen mit Mehl bestäuben und etwa eine halbe Minute in heißem Öl bei ca. 160° C fritieren.
Die Suppe auf die Teller verteilen und mit den Steinpilzen und dem Zucchinistroh garnieren.
Sofort servieren, damit die Pilze und das Zucchinistroh nicht »versinken«.

Trunkene west-östliche

Hatem

Locken, haltet mich gefangen
In dem Kreise des Gesichts!
Euch geliebten braunen Schlangen
Zu erwidern hab' ich nichts.

Nur dieß Herz, es ist von Dauer,
Schwillt in jugendlichstem Flor;
Unter Schnee und Nebelschauer
Ras't ein Ätna dir hervor.

Du beschämst wie Morgenröthe
Jener Gipfel ernste Wand,
Und noch einmal fühlet Hatem
Frühlingshauch und Sommerbrand.

Schenke her! Noch eine Flasche!
Diesen Becher bing' ich ihr!
Findet sie ein Häufchen Asche,
Sagt sie: der verbrannte mir.

West=östlicher Divan
WA I.6,168

Liebe mit Marianne

Suleika

Nimmer will ich dich verlieren!
Liebe gibt der Liebe Kraft.
Magst du meine Jugend zieren
Mit gewalt'ger Leidenschaft.
Ach! wie schmeichelt's meinem Triebe,
Wenn man meinen Dichter preis't.
Denn das Leben ist die Liebe,
Und des Lebens Leben Geist.

West=östlicher Divan
WA I.6,169

Poesie aus der Pfanne für die Schwiegertochter

Jena d. 12. Juny 1820.

Liebe Tochter,

… Von meinen Küchen=Angelegenheiten sag ich folgendes: Die Wirthin des Fürstenkellers hat sich entschlossen für mich zu kochen, und zu Anfange finde ich es recht leidlich.

Krebse schickt mir nicht mehr, die Reise scheint ihnen nicht ganz zu bekommen, aber mit Blumenkohle wäre mir gedient. Zum Frühstück aber wünschte ich wohl eine geräucherte Zunge, kalte Beefsteaks; auch sonstige Cotelettes, kleines Gebackenes, gehacktes Fleisch, oder wie man es nennen mag, könnte mir wohlgefallen.

Übrigens ist der Regen keines Menschen Freund, aber wohl der Thiere; denn das Gras wächst schön und die Biertrinker haben sich auch nicht zu beklagen, daß die Gerste nicht geräth.

…

Da du eine Freundin bist von Poesien, frisch wie sie aus der Pfanne kommen, so sende dir ehestens ein paar Bogen noch ganz naß unter der Presse weg.

Das Beste treulich wünschend

G.

An Ottilie v. Goethe
WA IV. 33, 62 f.

An Ottilien

Jena, 20. Juni 1820.

Wo ich wohne
Zeigt die Melone;
Am Paradiese
Zunächst der Wiese
Liegt ein Garten;
Da warten
Hübsche Kinder auf mich.
Ich aber denk' an dich,
In aller Tugend und Zucht
Schick' ich die Frucht.

WA I. 4,254

Gratin von Melonen und Erdbeeren unter dem Karamelgitter

Für 4 Portionen:

1 Charentais-Melone
1 Schale Erdbeeren
100 g Vanillecreme (s.S.56)
2 Eiweiß
3 EL Zitronensaft
40 g Zucker
4 Minzespitzen

Für das Karamelgitter:

312 g Zucker
35 g Glukose
125 ml Wasser
Butter zum Einfetten

... wo ich wohne,

Die Melone halbieren, entkernen und ohne Schale in Spalten schneiden. Die Erdbeeren waschen, putzen, halbieren und zu den Melonenspalten geben. Zucker und Zitronensaft darübergeben und etwa 1 Stunde lang durchziehen lassen.
Die bereits nach dem oben angegebenen Rezept vorbereitete Vanillecreme mit 2 EL der entstandenen Marinade verrühren. Dann das Eiweiß steifschlagen und vorsichtig darunterheben.

In feuerfesten Schalen oder auf grillfesten Tellern die Melonen und Erdbeeren portionsweise in einem Kreis anrichten. Die Vanillecreme jeweils in der Mitte des Kreises darübergeben und kurz unter dem Grill bei voller Hitze goldbraun überbacken. Nun kann die Nachspeise sofort serviert werden, falls man auf das etwas diffizil herzustellende Karamelgitter verzichten möchte.

zeigt die Melone

Für die Karamelgitter, die bereits einige Stunden vorher vorbereitet werden können, wird Zucker und Wasser in einer Sauteuse gekocht bis ca. 125° C erreicht werden. Dann die Glukose (Fertigprodukt für Backwaren, eventuell beim Bäcker nachfragen) dazugeben und unter ständigem Rühren weiterkochen bis der Zucker eine gelbbraune Farbe angenommen hat. Alles auf ca. 40° C abkühlen lassen. Inzwischen eine Suppenkelle einfetten. Kurz bevor der Karamelfond fest wird, mit einer Gabel sehr schnell die Kelle überziehen, so daß ein Gitter entsteht. Die Gitterhaube auf der Kelle erkalten lassen, vorsichtig abheben und auf einem Blech im Kühlschrank bis zur Verwendung aufbewahren.

Jeweils ein Karamelgitter auf das Melonengratin setzen. Als Dekor eine Minzespitze verwenden.

Eine berauschende Geburtstagsfeier

Der treue Diener Goethes, Karl Stadelmann, erhielt am 27. August (1818) Befehl, zwei Flaschen Rotwein nebst zwei Gläsern heraufzubringen und in den sich gegenüberliegenden Fenstern aufzustellen. Nachdem dies geschehen, beginnt Goethe seinen Rundgang im Zimmer, wobei er in abgemessenen Zwischenräumen an einem Fenster stehenbleibt, dann am andern, um jedesmal ein Glas zu leeren. Nach einer geraumen Weile tritt der Leibarzt Rehbein ein.

Goethe: Ihr seid mir ein schöner Freund! Was für einen Tag haben wir heute und welches Datum?

Rehbein: Den 27. August, Exzellenz.

Goethe: Nein, es ist der 28. und mein Geburtstag.

Rehbein: Ach was, den vergesse ich nie; wir haben den 27.

Goethe: Es ist nicht wahr! Wir haben den 28.

Rehbein (determiniert): Den 27.

Goethe (klingelt, Karl tritt ein): Was für ein Datum haben wir heute?

Karl: Den 27., Exzellenz.

Goethe: Daß dich -- Kalender her! (Karl bringt den Kalender.)

Goethe (nach langer Pause): Donnerwetter! Da habe ich mich ja umsonst besoffen.

Karlsbad 1818
Nach Eduard Genast, 1862

Goethes geflügeltes Gästehaus

Weimar den 18. Februar 1827.

… Kannst du dich gegen den Herbst einige Wochen losmachen, so wird es beiden heilsam seyn; der weiße Schwan begrüßt dich jederzeit mit offnen Flügeln.

… Manches Andere nächstens. Fasanen werden indeß angelangt seyn; einige Schellfische, Dorsche pp.werden dagegen gewünscht.

treu angehörig
Goethe.

An seinen Freund Carl Friedrich Zelter
WA IV. 42,66

Weimar den 19. Februar 1831.

… Das wäre einmal eine Lesung, wenn es sich glücklich fügte, daß du uns wieder besuchtest; der Schwan würde darüber seine Flügel ausbreiten.

… und so fort an!
G.

An seinen Freund Carl Friedrich Zelter
WA IV. 48,124

Der Apapa als Enkel-Verführer

Goethe liebte seine beiden Enkel über alle Maßen. Er beobachtete sie in zärtlichster Weise, nahm an ihrem Lernen teil und, um sich auch dann nicht von ihnen zu trennen, etablierte er jedem von ihnen in seinem Studierzimmer in den Fensternischen einen kleinen Schreibtisch, an dem sie ihre Schulaufgaben schrieben.
Goethe liebte es namentlich in seinen späteren Jahren, während er denkend oder diktierend auf und ab ging, eine Flasche Rheinwein zu leeren. Da machte es ihm ein besonderes Vergnügen, die emsig lernenden Enkelchen mit aus seinem Glase trinken zu lassen und sich herzlich zu freuen, wenn sie ganz fröhlich wurden und das Lernen völlig vergaßen. »Ich hatte alle Mühe und mußte allerlei Vorwände erfinden«, erzählte Ottilie von Goethe, » um die Kinder diesem überaus gemütlichen Tun des Großpapas zu entziehen.«

Weimar um 1829
Nach Ludwig August Frankl, 1882

Nachwort

Goethe war ein Universalgenie. Allen Wissenschaften und Künsten war er zugetan, und die Kochkunst stand dabei wahrlich nicht an letzter Stelle. Bis in die Kindheit in Frankfurt reichen die Wurzeln dieser Passion zurück. Der Großvater väterlicherseits führte den Gasthof »Zum Weidenhof«, das viertbeste Haus der Stadt. Der Großvater mütterlicherseits, Johann Wolfgang Textor, nach dem der junge Goethe seine Vornamen bekommen hatte, war als Stadtschultheiß und kaiserlicher Rat zu einem repräsentativen Lebensstil verpflichtet. Bei den großartigen Neujahrsempfängen fielen, wie wir in ›Dichtung und Wahrheit‹ nachlesen können, für die Kinder so manche Leckerbissen ab, und auch die alltägliche Küche im Elternhaus dürfte zu den besseren gehört haben. Sogar Eis gab es bisweilen, nicht zuviel, denn die Mutter fürchtete, die Kinder könnten sich den Magen verderben. Aus Leipzig schrieb der Sechzehnjährige in echter Sturm-und-Drang-Manier seinem Freund Riese über die feinen Speisen, die er sich gönnen konnte: Fasane, Rebhühner, Schnepfen, Lerchen, Forellen. Vielleicht hat der junge Student hier ein wenig aufgeschnitten, doch all diese Köstlichkeiten waren ihm sicher nicht fremd. Vom Alkohol hielt er sich anfangs dort noch fern: das Merseburger Bier war ihm zu bitter. Doch nach den Erlebnissen mit der hübschen Wirtstochter Käthchen Schönkopf scheint sich das bald geändert zu haben. Allerdings ist es der Wein, der Goethe zeitlebens zum wahren Lebenselixier wird. Anders als der arme Beethoven, der sich offensichtlich mit billigem Fusel langsam zu Tode brachte, machte der wohlhabende Bürgersohn schon bald Karriere am Hofe zu Weimar und konnte es sich leisten, stets Wert auf beste Qualität zu legen. Ob rot oder weiß, ob aus Deutschland, Italien oder Frankreich: er genoß den Saft der Trauben bis an sein Lebensende. Die reinen Würzburger Weine liebte er besonders, und manchmal gab es auch Champagner.

Im übrigen wissen wir ziemlich genau, was Goethe sich so alles gegönnt hat. In seinen Werken und Briefen, in den Tagebüchern und in den Aufzeichnungen seines Dieners Gottlieb Friedrich Krause, der vom 25. Dezember 1831 bis zum Tode des Dichters genau Buch geführt hat, finden wir weit über hundert Lebensmittel, Speisen und Getränke – eine lange Liste, die als Grundlage so mancher gutbürgerlichen Haushaltsführung in dieser Zeit hätte dienen können:

Suppen

Sagosuppe
Graupensuppe
Grießsuppe
Kartoffelsuppe
Wurstsuppe

Entremets

Austern
Kaviar
Makkaroni
Parmesanpastete
Eierkuchen
Gänseleberpastete
Gänsebrust
Sardellensalat

Fische

Aal
Karpfen in polnischer Sauce
Forellen
Backfische
Heringe (gepökelt)
Lachs
Hecht
Zander

Geflügel

Feldhühner
Rebhühner
Wachteln
Fasanen
Krammetsvögel
Gänsebraten
Spickgans
Gänseleber
Gänsegeschnärre
Kapaun
Schnepfen
Tauben
Truthahn

Wurst

Cervelatwurst
Preßkopf
Blutwurst
Leberwurst
Knackwürste
Bratwürste

Fleischgerichte

Kalbsbrust
Kalbskeule
Kalbskopf
Kalbskotelett
Kalbszunge
Fleischklößchen
Schweinskopf in Senfsauce
Rindfleisch mit Senf
Beefsteak
Nierenschnittchen
Nierenbraten
Rehrücken
Rehbraten
Rehkeule
Hasenbraten
Hasenkeule
Hammelbraten
Hammelkeule
Kalbsmilch (-bries)
Rinderzunge
Schweinezunge

Beilagen

Artischocken
Spargel
Blumenkohl
Bohnen
Grüne Erbsen
Teltower Rübchen
Pilze
Möhren
Broccoli
Kastanien
Weißkraut
Puffbohnen
Spinat
Kohlrabi
Kartoffeln
Kartoffelsalat
Blaukraut
Wirsing
Dicke Grütze
Kohlsprossen
Linsen
Sauerkraut

Mehlspeisen

Torte
Rührkuchen
Kräpfel
Marzipan
Fastenbrezeln

Dessert

Melonen
Pomeranzen
Weinschaum
Grießpudding
Apfelkompott
Schokoladencreme
Eis
Pfirsische
Kirschen
Preißelbeeren
Feigen
Käse
Parmesankäse
Honig
Plumpudding

Weine und andere Getränke

Champagner
Aßmannshäuser
Ober-Ingelheimer
Würzburger Stein
Elsässer
Languedoc
Lunel
Graveswein
Tokaier
Markobrunner
Muskateller
Merseburger Bier
Englisches Bier
Schokolade
Kaffee
Tee
Milch
Limonade
Likör
Arak
Punsch

Wer sich also Goethe kulinarisch nähern möchte, kann sich an dieser Speisenliste abarbeiten, er hat ein ganzes Leben Zeit, denn Goethe ließ sich auch im hohen Alter so manches üppige Mahl servieren. Beispielsweise an Silvester 1831, einem Samstag, gab es mittags Sagosuppe, Gänseleber mit Sauce, Märkische Rübchen mit Koteletten, Rehrücken und Apfelkompott; abends den Rest der Suppe und Wildpret. Man fragt sich, wie der alte Herr das noch alles vertragen konnte. Seine Lieblingsspeisen waren allgemein bekannt, so daß Alexandre Dumas, als er im Sommer 1832 im »Sternhotel« in Bonn tafelte, sich nicht wundern mußte, daß man ihm Wildschwein mit Kirschen als Goethes Leibgericht pries. Und in dem 1894 in Wien erschienenen Appetitlexikon wird eigens vermerkt, wie sehnsüchtig Goethe immer auf die neue Lieferung Teltower Rübchen gewartet hat.

Daß bei Goethe in vielerlei Hinsicht die Liebe durch den Magen ging, läßt sich unschwer bereits an den wenigen Beispielen in unserem Buch ablesen. Leckerbissen, gemeinsam genossen oder als Geschenk an die geliebten Frauen, waren eine der bevorzugten Strategien des verehrten Galans. Seit 1788 in verschiedenen Wohnungen, ab 1794 im eigenen Haus am Frauenplan, sorgte Christiane für Abwechslung und eine gute Haushaltsführung, nicht ohne die Hilfe und genaue Ordre ihres Mannes. Goethe empfiehlt, wann bestimmte Gemüsesorten gesät, wann und bei wem bestimmte Speisen und Getränke gekauft werden. Wenn er in Jena weilte, und das häufig für Wochen, um in Ruhe arbeiten zu können, war die oft magere Kost kein geringes Thema. Der Hausschatz Christiane half und schickte ihm manchen Leckerbissen: Den Schweinskopf betreffend, erläutert sie in einem Brief vom 18. Jan. 1811, »Der Kopf liegt in der Schachtel; die Sauce, in welche der Kopf gleich gelegt werden muß, und so lange bis er aufgegessen ist, muß er drinnen liegen bleiben; die Senf- Sauce, welche dazu gemacht wird, sagte der Mundkoch Weise, sollst du nur gleich bei dem Mundkoch Steinert bestellen lassen, dieser wisse schon, wie er sie machen soll.«

Sofort am nächsten Tag folgten vom Schlachtfest zwei Leberwürste, eine Blutwurst und ein kleines Preßköpfchen. Nach Christianes Tod führte seine Schwiegertochter Ottilie den Haushalt, hin und wieder mußten auch andere einspringen, wenn es ihm an etwas mangelte.

So blieb Goethe bis zu seinem Tode der guten Küche zugetan: Vielleicht ist er auch deswegen so alt geworden, und nicht nur als unsterblicher Dichter, sondern auch als Gourmet ein nachahmenswertes Vorbild.

Joachim Schultz

Auskünfte zu Leben und Werk von Johann Wolfgang von Goethe (1749-1832)

1749-1765 FRANKFURT AM MAIN
Am 28. August wird Johann Wolfgang Goethe als Sohn des Kaiserlichen Rates Dr. jur. Johann Caspar Goethe und seiner Frau Katharina Elisabeth, geb. Textor, geboren.
Januar bis Februar 1763: Besetzung Frankfurts durch die Franzosen.
Häufige Besuche des französischen Theaters.
Joseph II. wird am 3. April in Frankfurt zum römisch-deutschen Kaiser gekrönt; Goethe ist unter den Zuschauern.

1765-1768 LEIPZIG
1765 Oktober bis August 1768: Studium der Jurisprudenz und schöngeistiger Fächer in Leipzig.
Bekanntschaft mit Käthchen Schönkopf.
1768 Juli: Schwere Erkrankung.
28. August: Abreise aus Leipzig.

1768-1770 FRANKFURT AM MAIN
1769 September bis Januar: Langsame Genesung.

1770-1771 STRASSBURG
1770 April bis August 1771: Fortsetzung des Jurastudiums in Straßburg.
Oktober: Erster Besuch in Sesenheim und Freundschaft mit Friederike Brion.
1771 *Gedichte für Friederike Brion.* Umgang mit Lenz.
6. August: Promotion zum Lizentiaten der Rechte.

1771-1772 FRANKFURT AM MAIN
1771 Am 14. August kehrt Goethe nach Frankfurt zurück.
Ende August: Zulassung als Rechtsanwalt.

1772	WETZLAR
1772	Mai bis September: Praktikant am Reichskammergericht in Wetzlar.
	9. Juni: Freundschaft mit Charlotte Buff und mit Kestner; Umgang mit Jerusalem.
	11. September: Ohne Abschied durchs Lahntal nach Frankfurt.
1772-1775	FRANKFURT AM MAIN
1774	Februar: Beginn der Niederschrift des *Werther.*
	Juli und August: Lahn- und Rheinreise mit Lavater.
	Besuch bei den Brüdern Jacobi in Düsseldorf.
	Dezember: Erste Begegnung mit dem weimarischen Erbprinzen Karl August in Frankfurt.
1775	April: Verlobung mit Lili Schönemann.
	Mai und Juli: Reise in die Schweiz in Werther-Tracht.
	22. September: Karl August lädt Goethe nach Weimar ein.
	Herbst: Lösung des Verlöbnisses mit Lili Schönemann.
1775-1786	WEIMAR
1775	Am 30. Oktober Abreise von Frankfurt nach Weimar.
	November: Erste Begegnung mit Charlotte von Stein.
1776	April: Goethe bezieht das Gartenhaus an den Ilmwiesen.
	11. Juni: Eintritt in den weimarischen Staatsdienst.
1776	und folgende Jahre: Goethe beteiligt sich an den Aufführungen des Weimarer Liebhabertheaters
1777	Dezember: Ritt durch den Harz.
1778	Mai: Reise mit Karl August nach Berlin und Potsdam.
1779	Januar: Übernahme der Kriegs- und Wegebaukommission.
	5. September: Ernennung zum Geheimen Rat.
1779	September bis Januar 1780: Zweite Reise in die Schweiz mit Herzog Karl August.
1781	und folgende Jahre: Teilnahme an den Sommeraufenthalten der Weimarer Hofgesellschaft in Tiefurt.
1782	März bis Mai: Rundreise an die thüringischen Höfe.
	25. Mai: Goethes Vater stirbt.
	2. Juni: Goethe bezieht das Haus am Frauenplan.
	3. Juni: Goethe erhält das Adelsdiplom.
1783	September und Oktober: Zweite Reise in den Harz, nach Göttingen und Kassel.

1785	Goethe beginnt botanische Studien.
	Juni bis August: Zum ersten Mal in Karlsbad.
1786	Juli und August: In Karlsbad. Umarbeitung des *Werther* vollendet.
1786-1788	ITALIEN
	Am 3. September heimliche Abreise von Karlsbad nach Italien.
	28. September bis 14. Oktober: In Venedig.
	29. Oktober: Ankunft in Rom.
1787	Februar bis Juni: Reise nach Neapel und Sizilien.
1788	Am 23. April Abreise aus Rom.
	18. Juni: Rückkehr nach Weimar.
1788-1832	WEIMAR
1788	Juni: Entlastung von allen Regierungsgeschäften.
	Juli: Beginn der Lebensgemeinschaft mit Christiane Vulpius.
	7. September: Erste Begegnung mit Schiller in Rudolstadt.
	September: Beginn der *Römischen Elegien.*
1789	September und Oktober: Reise in den Harz.
	25. Dezember: Goethes Sohn August geboren.
1790	März bis Juni: Reise nach Venedig.
1791	Januar: Ernennung zum Leiter des neuerrichteten Weimarer Hoftheaters.
1792	August bis Oktober: Goethe nimmt im Gefolge des Herzogs Karl August an der Kampagne in Frankreich teil.
	20. September: Kanonade von Valmy.
1793	Mai bis Juli: Als Beobachter bei der Belagerung von Mainz.
1794	Ende Juli: Unterredung mit Schiller über die Urpflanze, die die Freundschaft der beiden Dichter begründet.
	Juli bis August: Reise mit Herzog Karl August nach Wörlitz und Dresden.
1794	und folgende Jahre: Goethe häufig in Jena im Kreise der dortigen Professoren.
1795	Juli und August: In Karlsbad.
1796	Juni: Jean Paul besucht Goethe in Weimar.
1797	August bis November: Dritte Reise in die Schweiz.
	August: Letzter Besuch bei seiner Mutter in Frankfurt.
1798	Am 12. Oktober wird das umgebaute Hoftheater mit *Wallensteins Lager* eröffnet.

1799	Dezember: Übersiedlung Schillers nach Weimar.
1802	Februar: Erster Besuch Zelters in Weimar.
	26. Juni: Eröffnung des neuen Theaters in Lauchstädt.
1804	Am 13. September erfolgt Goethes Ernennung zum Wirklichen Geheimen Rat mit dem Prädikat Exzellenz.
1805	Januar und Februar: Schwere Anfälle von Nierenkolik.
	9. Mai: Tod Schillers.
1806	Abschluß von *Faust, erster Teil* am 13. April.
	Juni bis August: In Karlsbad.
	14. Oktober: Schlacht bei Jena. Besetzung Weimars.
	19. Oktober: Trauung mit Christiane Vulpius.
1807	Die Herzogin-Mutter Anna Amalia stirbt am 10. April.
	Mai bis September: In Karlsbad.
	Dezember: Leidenschaft zu Minchen Herzlieb.
1808	Mai bis September: In Karlsbad und Franzensbad.
	13. September: Goethes Mutter stirbt.
	2./6./10. Oktober: Unterredungen mit Napoleon in Erfurt und in Weimar.
1810	Mai bis September: In Karlsbad, Teplitz, Dresden.
1811	Mai und Juni: Mit Christiane und Riemer in Karlsbad.
1812	Mai bis September: In Karlsbad und Teplitz. Begegnungen mit Ludwig van Beethoven und Kaiserin Maria Ludovica von Österreich.
1813	16.-19. Oktober: Schlacht bei Leipzig.
1814	Juli bis Oktober: Reise in die Rhein- und Maingegenden. Begegnung mit Marianne von Willemer.
1815	Februar: Durch Beschluß des Wiener Kongresses wird Sachsen-Weimar-Eisenach Großherzogtum.
	Mai bis Oktober: Zweite Reise in die Rhein- und Maingegenden.
	26. September: Letzte Begegnung mit Marianne von Willemer in Heidelberg.
	12. Dezember: Ernennung zum Staatsminister.
1816	Am 6. Juni stirbt Goethes Frau Christiane.
1817	17. Juni: Vermählung seines Sohnes August mit Ottilie von Pogwisch.
1819	*West-östlicher Divan* abgeschlossen.
1821	Juli bis September: In Marienbad und Eger. Erste Begegnung mit Ulrike von Levetzow.
1822	Juni bis August: In Marienbad und Eger.

1823	Februar und März: Herzbeutelentzündung.
	10. Juni: Erster Besuch Eckermanns bei Goethe.
	Juli bis September: In Marienbad, Eger und Karlsbad.
1824	März: *An Werther,* geschrieben für die 1825 erscheinende Jubiläumsausgabe des *Werther.*
1825	Februar: Arbeit an *Faust, zweiter Teil.*
	21. März: Brand des Weimar Theaters.
	7. November: Feier zum fünfzigjährigen Amtsjubiläum.
1827	Tod Charlotte von Steins am 6. Januar.
1828	Am 14. Juni stirbt Großherzog Karl August.
	Juli bis September: Goethe auf der Dornburg.
1829	Erste *Faust*-Aufführung am 19. Januar in Braunschweig.
1830	Goethe erhält am 10. November die Nachricht vom Tode seines Sohnes in Rom (gest. am 26. Oktober).
	Ende November: Goethe erleidet einen Blutsturz.
1831	Am 22. Juli wird *Faust, zweiter Teil* abgeschlossen.
1832	Goethe stirbt am 22. März mittags um halb zwölf Uhr.

Die Wahlverwandtschaften.
Tasso.
Tasso.
Leiden des jungen Werther.
Iphigenie auf Tauris.
Gotz von Berlichingen.
Clavigo.
Egmont.
Hermann und Dorothea.
Faust.
Wilhelm Meister's Lehrjahre

Der Herausgeber

Joachim Schultz (geb. 1949) studierte Literaturwissenschaften und Philosophie und promovierte über das literarische Manifest im Frankreich der ›Belle Epoque‹. Nach mehreren Auslandsaufenthalten betreut er heute den Studiengang »Literaturwissenschaft: berufsbezogen« an der Universität Bayreuth.

Er leitet dort auch das von ihm 1986 gegründete Kleine Plakatmuseum in der Friedrich-Puchta-Str. 12, das 1999 die Ausstellung »Goethe in guter Gesellschaft« präsentieren wird.

Buchpublikationen in Auswahl:

Literarische Manifeste der ›Belle Epoque‹. Frankreich 1886-1909. Versuch einer Gattungsbestimmung. Frankfurt am Main, Verlag Peter Lang 1981.

Ramsenthalers Schmausebuch für Einsiedler. Berlin, Verlag Rolf A. Burkart, 1989.

Herr S. oder der Mann wie er ist. Prosa. Cadolzburg, Ars Vivendi Verlag 1991.

Wild, irre und rein. Wörterbuch zum Primitivismus der literarischen Avantgarden in Deutschland und Frankreich. 1900 - 1940. Gießen, Anabas Verlag 1995.

Das ist die Poesie. Plakatkunst in der Literatur ... Kleines Plakatmuseum, Bayreuth 1996.

Herausgeberschriften:

Inselbuch der Faulheit (mit Gerhard Köpf). Frankfurt am Main, Insel Verlag 1983.

Saint-Pol-Roux: Werkausgabe. Berlin, Bad Kreuznach, Verlag Rolf A. Burkart 1985ff.

Ein Rot, ein Grün, ein Grau vorbeigesendet. Farben in der deutschen Lyrik von der Romantik bis zur Gegenwart. München, Deutscher Taschenbuch Verlag 1994.

Jules Champfleury/Léon Bloy: Richard Wagner in Paris. Zwei vergessene Texte. Bamberg, Verlag Erich Weiß 1995.

Bayreuth. Ein literarisches Porträt (mit Frank Piontek). Frankfurt am Main, Insel Taschenbuchverlag 1996.

Goethe in guter Gesellschaft. Ein Katalog allumfassender Goethe-Verehrung. Kleines Plakatmuseum, Bayreuth 1998.

Übersetzungen von Werken von Eugène Delacroix, Alexandre Dumas, George Sand und anderen Autoren.

Der Meisterkoch

Marcello Fabbri wurde am 9. Dezember 1970 in Rimini, Italien, geboren. Von 1984-1987 absolvierte er die staatliche Kochschule in seiner Heimatstadt. Im Anschluß daran begann die lehrreiche Wanderschaft als Chef de partie von Madonna di Campiglio *(Hotel des Alpes)* über Rimini *(Caffee delle rose)* nach Mailand *(Gualtiero Marchesi und Brunelleschi)*. Das Kennenlernen der heimischen Küche schließt er mit einem Aufenthalt in Sardinien ab, als Sous-chef im *Hotel Mon repos.*

1991 bricht er nach Deutschland auf. München ist sein erstes Ziel. Dort kocht er als Sous-chef in den Restaurants *Galleria* und *Piccolit.*

Im Oktober 1993 erhält er den Ruf nach Weimar: Als Küchenchef soll er dem berühmten, inzwischen neu restaurierten Restaurant *Anna Amalia* im traditionsreichen *Hotel Elephant* mit seinen Kochkünsten wieder Glanz verleihen.

Wie rasch dem erst Dreiundzwanzigjährigen dies gelingt, zeigen die Auszeichnungen, die das Restaurant *Anna Amalia* inzwischen unter seiner Ägide erhielt: 15 Punkte im »Gault Millau«, 3 FFF im

»Feinschmecker«, 2 Sonnen im »Savoir Vivre« 1 Kochmütze bei »VARTA«, 2 Kochlöffel im »Schlemmeratlas«. 1995 erfolgte die Nominierung zum besten Restaurant in Thüringen im »VIF Gourmet Journal« und die Zeitschrift »DM« erklärte es gar zum besten Restaurant in Ostdeutschland.

Seit der großen Renovierung im Jahre 1993 ist das *Kempinski Hotel Elephant Weimar* am Markt 19 wieder eine Adresse, wo sich Gäste aus aller Welt wohlfühlen können. Und während Marcello Fabbri im oberen Trakt die deutsch-italienische Gourmetküche pflegt, wird im über 300 Jahre alten *Elephantenkeller* mit seinen historischen Gewölben rustikale thüringische Kost serviert. Anfragen und Reservierungen werden unter der Telefonnummer 03643/802-0 gerne entgegengenommen.

Die Rezepte

Die Abbildungen

42 Johann Wolfgang Goethe, *Goethes Gartenhaus von der Rückseite,* um 1779/80. Stiftung Weimarer Klassik.

43 Adriaen Coorte (um 1680 bis nach 1707 in Middelburg tätig), *Stilleben mit Spargel und Artischocke,* o.D. Kurpfälzisches Museum, Heidelberg.

44 Hubert van Ravesteyn, (1638-1691), *Die Wurstfüllerin,* o.D. Steiermärkisches Landesmuseum, Graz.

45 Giovanni Martinelli (1600/1604?-1659), *Stilleben,* o.D. Palazzo Pitti, Florenz.

46 Johann Heinrich Wilhelm Tischbein (1751-1829), *Goethe in der römischen Campagna,* 1787. Städelsches Kunstinstitut, Frankfurt am Main.

47 Bartolomeo Bimbi (1648-ca.1725), *Zitrusfrüchte,* o.D. Villa von Poggio a Caiano.

49 Giuseppe Maria Crespi (1665-1747), *Der Floh,* 1. Jahrzehnt des 18. Jhds. Uffizien, Florenz.

50 Joseph Vernet (1714-1789), *Ansicht von Neapel mit Vesuv,* o.D. Louvre, Paris.

51 Frans Snyders (1579-1657), *Fischmarkt (mit Figuren von Anthonis van Dyck),* um 1618-20. Kunsthistorisches Musum, Wien.

52 Vincenzo Campi (1536-1591), *Geflügelstand,* um 1580.

53 Francisco de Zurbarán (1598-1664), *Anbetung der Hirten,* 1638. Musée des Beaux-Arts, Grenoble.

54/55 Joseph Vernet (1714-1789), *Blick auf den Golf von Neapel,* 1748. Louvre, Paris.

59 Baldassare Franceschini (1611-1689), *Ein Streich des Pfarrers Arlotto.* Palazzo Pitti, Florenz.

62 Anselm Feuerbach (1829-1880), *Iphigenie,* 1871. Staatsgalerie, Stuttgart.

66 Jakob Philipp Hackert (1737-1807), *Tempel der Juno Lacinia in Agrigent,* 1777. British Museum, London.

67 Heinrich Christoph Kolbe (1771-1836), *Goethe als Dichter und Künstler vor dem Vesuv,* 1826. Thüringer Universitäts- und Landesbibliothek, Jena.

70 Gotthardt von Wedig (1538-1641), *Prunkmahlzeit,* um 1630.

71 Johann Wolfgang Goethe (1749-1832), *Christiane Vulpius, auf einem Sofa schlafend,* 1788. Stiftung Weimarer Klassik.

72 Johann Wolfgang Goethe, *Christiane Vulpius,* 1788/89. Stiftung Weimarer Klassik.

74 Jean-Baptiste Regnault (1754-1829), *Die drei Grazien,* 1793. Louvre, Paris.

75 Johann Wolfgang Goethe, *Luxemburger Landschaft mit ›Freiheitsbaum‹,* 1792. Goethe-Museum Düsseldorf.

79 Georges de la Tour (ca.1600-1652), *Girl blowing on a brazier,* um 1645.

81 J. Stöber nach M. Loder, *Fresser* aus: *Zerrbilder menschlicher Thorheiten und Schwächen,* 1818. Historisches Museum Wien.

82 Georg Melchior Kraus (1737-1806), *Tafelrunde bei Herzogin Anna Amalia,* 1795. Stiftung Weimarer Klassik.

83 Jakob Wilhelm Christian Roux (1775-1831), *Jena, vom Rasenmühlberge aus* , o.D. Stiftung Weimarer Klassik.

84 Jakob Wilhelm Christian Roux (1775-1831), *Ansicht von Schillers Garten in Jena,* um 1800. Stiftung Weimarer Klassik.

85 Aarland nach Andreas Müller, *Goethe, Schiller und Wilhelm und Alexander von Humboldt in Jena,* o.D. Stiftung Weimarer Klassik.

86 Goethes Rotweinflasche, Stiftung Weimarer Klassik.

Georg Emanuel Opitz (1775-1841), *Salamiverkäufer am Graben,* 1810/15,

87 Jean Baptiste Bernard Coclers (1741-1817), *Ein Austernessen zu zweit,* 1780.

88 Emilie Preyer (1849-1930), *Früchtestilleben mit Blumen und Sektschale,* um 1875.

89 *Terrine in Truthahngestalt,* Porzellanmanufaktur Höchst, 1746-1753. Württembergisches Landesmuseum, Stuttgart.

90/91 Die Abbildungen wurden uns mit freundlicher Genehmigung vom Weingut Bürgerspital Zum Hl. Geist zur Verfügung gestellt. Lokalitäten und Weinkeller laden zur Einkehr ein.

93 Jan Davidsz. De Heem (1606-1683/84), *Früchtestilleben mit Weinglas,* um 1640-45. Staatliche Kunsthalle, Karlsruhe.

95 Georg Döbler (1788-1845) nach Leopold Platzer, *Ein Theil der Alten und Neuen Wiese in Carlsbad,* um 1820. Goethe-Museum Düsseldorf.

96 Luise Seidler (1786-1866), *Silvie von Ziegesar,* um 1812. Stiftung Weimarer Klassik.

98 Ludwig Sebbers (1804-nach 1837), *Goethe-Bildnis auf Porzellantasse,* 1826. Stiftung Weimarer Klassik.

99 Albrecht Adam (1786-1862) nach einem Entwurf von Carl August von Lebeschée (1800- 1877), *Eine moderne junge Frau von München,* um 1825/26.

100 Luise Seidler (1786-1866), *Christiane (Minchen) Wilhelmine Friedericke Herzlieb,* 1812. Stiftung Weimarer Klassik.

103 Friedrich August Tischbein (1750-1812), *Goethe in Jena auf der Straße,* um 1792. Stiftung Weimarer Klassik.

104 Francisco José De Goya Y Lucientes (1746-1828), *Stilleben mit Lachs,* um 1808-1812. Sammlung Oskar Reinhart, Winterthur.

Bartolomeo Bimbi (1648-ca.1725), *Kirschen,* o.D. Villa von Poggio a Caiano.

105 Clara Peeters (um1589-nach1657?), *Gedeckter Tisch,* o.D.

109 Adolf Schroedter (1805-1875), *Rheinisches Wirtshausleben,* 1833. Rheinisches Landesmuseum, Bonn.

111 Adolf Richter von Thorn (1812-1852), *Die Weinlese,* 1842.

112 Vincent van Gogh (1853- 1890), *Kartoffelkorb,* 1885. Van Gogh Museum, Amsterdam.

116 Josef Carl Stieler (1781-1858), *Johann Wolfgang Goethe,* 1828. Bayerische Staatsgemäldesammlungen, Neue Pinakothek München.

117 Anton Radl (1774-1852), *Marianne von Willemer, geb. Jung,* 1819. Stiftung Weimarer Klassik.

118 Luise Seidler (1786-1866), *Ottilie Wilhelmine Henriette von Goethe, geb. von Pogwisch,* o.D. Stiftung Weimarer Klassik.

119 Cristoforo Munari (1667-1720), *Drei Melonenstücke und zwei Porzellanschalen,* o.D. Sammlung Silvano Lodi, Campione.

122 Karikatur: *Die Wahrheit über Goethe,* o.D. Stiftung Weimarer Klassik.

123 Richard Starcke (*1864), *Der Frauenplan zur Goethezeit,* im Besitz des Gasthauses ›Der weiße Schwan‹. Foto: Roland Dreßler, Weimar.

124 Eduard Lobe, *Goethe mit seinen Enkeln im Hausgarten,* 1825. Stiftung Weimarer Klassik.

125 Joseph Schmeller (1796-1841), *Goethe, seinem Schreiber John diktierend,* 1831. Landesbibliothek Weimar.

128 Daniel Maclisse nach William Makepeace Thackeray (1811-1863) und Josef Carl Stieler (1781-1858), *Johann Wolfgang Goethe,* 1830. Stiftung Weimarer Klassik.

135 *Johann Wolfgang Goethe,* Lithographie nach einem Gemälde von Moritz Daniel Oppenheim (1800-1882), Stiftung Weimarer Klassik.

Danksagung

Der Deutsche Taschenbuch Verlag möchte sich ausdrücklich bei allen Personen und Institutionen bedanken, die uns mit Bildern und Fotos unterstützt haben. Insbesondere gilt unser herzlicher Dank der Stiftung Weimarer Klassik, die mit einer Fülle von Abbildungen zu diesem Goethe-Buch generös beigetragen hat.